TPP協定の全体像と日本農業・米国批准問題

服部信司 著

農林統計協会

はしがき

　拡大 TPP 交渉は、2010 年 3 月、アメリカ・オバマ政権の主導で始まり、2015 年 10 月妥結、2016 年 2 月に協定の調印が行われた。最終局面（妥結交渉）の焦点は、バイオ新薬のデータ保護期間－12 年か 5 年か－であった。

　日本の重要農産物（畜産物）については、この最終局面の以前において、早々とアメリカとの間において妥結していた（牛肉関税 38.5％→9％、豚肉関税kg 482 円→50 円）。日本の主要畜産物は、大幅な関税削減の下に置かれており、政府対策によっても、価格下落の 3 分の 2 しかカバーされないから、重大な影響を被ることになる。

　ところが、この交渉を開始し主導したアメリカにおいて、TPP 協定の議会における批准が容易には見通しえない事態が生まれている。

　周知のように、次期大統領候補のトランプ、ヒラリーともに、TPP 反対を表明している。1 年前には考えられなかった事態である。その背景には、アメリカにおける賃金の低下→低所得層の増大→経済格差の拡大が存在する。アメリカの国民大衆は、北米自由貿易協定（NAFTA）などの貿易協定がこの事態をもたらし、TPP はさらに経済格差を拡大すると考えているのである。

　こうしたなかで、オバマ政権（その任期は 2017 年 1 月上旬まで）は、11 月 8 日大統領選挙後の議会（会期：11 月 9 日→1 月 3 日）における TPP 協定の採決→成立を目指している。

　他方、議会の多数を握る共和党（その多数党の位置は少なくとも下院においては 11 月 8 日の選挙後も変わらないとみられている）指導部は、「いくつかの点が修正されない限り、TPP 協定を支持しない」としてきた。

　こうしたなかで、アメリカ通商代表部は、共和党の要求する修正点を措置するために、11 月上旬において各国との折衝を続けている。

日本農業は、TPPによって、大きな影響を受ける。仮に、アメリカが批准しないとなれば、TPPは成立しないのであるから、日本農業はその影響を免れることになる。

　そうした状況になり得るのか。それとも、曲折を経ても、アメリカにおいて批准が行われTPPが成立するのか。

　2016年11月上旬、その決着がつけられる局面を迎えているのである。

　本書は、次の8章からなる。
　第Ⅰ章　TPP協定の全体像とアメリカの批准問題
　第Ⅱ章　TPP交渉と日米協議－開始の背景・展開・妥結の経緯－
　第Ⅲ章　TPP協定：物品の自由化
　第Ⅳ章　TPP合意：農産物の交渉結果と日本農業
　第Ⅴ章　TPPルール主要分野の協定－各国の重要事項に配慮－
　第Ⅵ章　TPPによる経済（GDP）の押し上げ効果
　第Ⅶ章　平成27年度『農業白書』を論評する
　第Ⅷ章　日本農業・農政の方向と課題

　読者がTPP協定について考えるうえで、本書がお役に立てれば、幸いである。

　本書の準備・出版にあたっては、これまで同様、農林統計協会の山本博部長に大変お世話になった。厚くお礼を申し述べたい。

2016年11月1日

服部　信司

目　次

はしがき ………………………………………………………………… i

第Ⅰ章　TPP協定の全体像とアメリカの批准問題 …………… 1
第1節　TPP協定の全体像 …………………………………… 1
1　大筋合意：TPP協定の要点 ……………………………… 1
（1）ハワイ閣僚会合（2015年7月）における難関分野 …………… 1
（2）アトランタ閣僚会合（2015年9月30日－10月5日）における大筋合意 …………………………………………………… 3
（3）ルール主要分野 …………………………………………… 4
（4）物品自由化 ………………………………………………… 5
（5）日本の重要農産物についての結果 ……………………… 6
2　TPP合意（協定）の焦点：バイオ新薬のデータ保護期間 …… 7

第2節　アメリカの批准問題 ………………………………… 9
1　アメリカにおけるTPP批准問題 ………………………… 9
2　議会共和党－オバマ政権の問題 ………………………… 9
3　大統領候補のTPPへの態度 ……………………………… 10
（1）共和党トランプ候補 ……………………………………… 10
（2）民主党クリントン候補 …………………………………… 10
（3）次期大統領候補のいずれもがTPPに反対する背景 ……… 12
4　オバマ政権：「TPPについての政府行動声明」を議会に送付 ……………………………………………………………… 13

第Ⅱ章　TPP交渉と日米協議
－開始の背景・展開・妥結の経緯－ ……… 15

**第1節　アメリカ主導による交渉の開始（2010年3月）と
アメリカの狙い** ……… 15

1. 当初の TPP 4 ……… 15
2. アメリカ主導の拡大 TPP 交渉の開始 ……… 15
3. 拡大 TPP 交渉におけるアメリカの意図 ……… 16
   - （1）アジアにおける経済連携への関与 ……… 16
   - （2）アジアへの輸出拡大 ……… 17
   - （3）中国に対する戦略的側面 ……… 17

**第2節　TPPの交渉分野と交渉方式：物品自由化分野と
ルール分野** ……… 18

1. 物品自由化分野とルール分野で交渉方式が異なる ……… 18
2. 物品自由化分野：2国間交渉 ……… 18
3. ルール分野：全参加国による交渉 ……… 19

**第3節　TPP首脳声明と協定のアウトライン（2011年11月）
－TPPへの基本的視点－** ……… 20

1. 協定のアウトライン ……… 20
2. TPPへの基本的視点 ……… 20

**第4節　日米首脳会談（2013年3月）による日本の参加
－日本政府の2つの課題－** ……… 22

1. 日本の参加：日米共同声明に基づく ……… 22
2. 安倍政権の TPP の基本的位置づけ：日米同盟の視点 ……… 22
3. 国会決議と日本政府に課せられた2つの課題 ……… 23

第 5 節　日豪 EPA（経済連携協定）（2014 年 4 月）……………… 25
  1　全体内容………………………………………………………………… 25
  2　牛肉についての結果（措置）………………………………………… 26
  3　日豪 EPA と TPP 交渉………………………………………………… 27

第 6 節　日米「方程式合意」（2014 年 4 月）………………………… 28
  1　重要農産物についての交渉方式＝「方程式合意」………………… 28
  2　方程式合意以降、意味のある国境保護措置の確保が課題に…… 29

第 7 節　ルール交渉：難関 3 分野とアメリカの提案………………… 30
  1　バイオ新薬のデータ保護期間………………………………………… 30
  2　国営企業規制…………………………………………………………… 31
  3　環境……………………………………………………………………… 31

第 8 節　アメリカ貿易促進法の成立（2015 年 6 月）
　　　　－妥結交渉への環境が整う－………………………………… 33

第 9 節　アトランタ閣僚会合における大筋合意の成立
　　　　（2015 年 10 月）………………………………………………… 35
  1　ハワイ閣僚会合（2015 年 7 月）：妥結に至らず…………………… 35
　　（1）自動車原産地規制をめぐる問題………………………………… 35
　　（2）バイオ新薬データ保護期間－12 年か、5 年か－……………… 36
　　（3）酪農品問題………………………………………………………… 36
　　（4）ハワイ閣僚会合からアトランタ閣僚会合へ…………………… 37
  2　アトランタ閣僚会合における大筋合意……………………………… 37
　　（1）大筋合意への経緯………………………………………………… 37
　　（2）自動車原産地規制：メキシコ・カナダの意向を取り入れる……… 38

（3）バイオ新薬のデータ保護期間：オーストラリアの主張5年を
　　　　取り入れる･･･ 38
　　（4）酪農品：ニュージーランドが軟化･･････････････････････････ 39

第10節　TPP合意：オーストラリア・途上国が受け入れら
　　　　れる協定－アジアにおけるアメリカが参加する経済グ
　　　　ループの形成－･･ 40

第Ⅲ章　TPP協定：物品の自由化･････････････････････････････････ 43
　1　日本以外の11カ国の自由化率は99－100%････････････････ 43
　2　日本の自由化率は95%･･････････････････････････････････ 43
　3　日本の農産物の関税撤廃率は53%･･････････････････････････ 44
　4　日本の重要農産物には重大な影響････････････････････････ 45

第Ⅳ章　TPP合意：農産物の交渉結果と日本農業･･････････････････ 47
第1節　日本の交渉姿勢の問題････････････････････････････････････ 47

第2節　牛肉と豚肉：意味のある国境保護措置は確保され
　　　　たか･･･ 48
　1　牛肉関税：38.5%から15年目9%に大幅引き下げ･･････････ 48
　2　豚肉関税：キロ482円から10年目50円に･･････････････････ 48
　　（1）現行の豚肉関税制度･･･････････････････････････････････ 48
　　（2）安い豚肉の関税：大幅引き下げ････････････････････････ 49
　　（3）高い豚肉の関税：10年目に撤廃･･･････････････････････ 49
　3　農水省の影響評価･･････････････････････････････････････ 50
　4　養豚団体の見方･･ 50
　5　政府TPP政策大綱における牛肉と豚肉･････････････････････ 51
　　（1）現行の畜産経営安定対策･･････････････････････････････ 51

（2）牛・豚肉の政府対策と一層の充実の課題……………………… 51

第3節　TPP合意により価格下落に直面するコメと麦………… 53
　1　コメ：7.8万トンの新たな輸入枠を設定…………………… 53
　2　小麦：マークアップ（関税）を45％削減………………… 54
　3　政府：コメ・輸入枠輸入量と同量の備蓄拡大………………… 55
　4　必要な経営安定対策の拡充……………………………… 55
　5　現行のコメ・小麦の経営安定対策…………………………… 55
　6　問われる経営安定対策・拡充の方向………………………… 56

第4節　乳製品：新たな輸入枠7万トンの設定と国内生産
　　　　増の課題………………………………………………… 57
　1　新たな輸入枠7万トンの設定……………………………… 57
　2　国内生産増の課題…………………………………………… 57

第5節　農産物・関税撤廃品目………………………………… 59

第Ⅴ章　TPPルール主要分野の協定
　　　　－各国の重要事項に配慮－…………………………… 61
第1節　知的財産権（知財）……………………………………… 61
　1　薬品知財：バイオ新薬のデータ保護期間、豪州等の主張
　　　を取り入れる……………………………………………… 61
　　（1）アメリカの提案………………………………………… 61
　　（2）オーストラリア等の立場……………………………… 62
　　（3）TPP協定：オーストラリア等の意向を取り入れ、両者の中間を取る… 62
　　（4）アメリカ議会・共和党の反対………………………… 62
　　（5）アメリカ政府と共和党との協議……………………… 63
　2　著作権：著者の死後70年に……………………………… 63

（1）アメリカの提案と途上国の態度 …………………………… 63
　　　（2）合意の内容 ………………………………………………… 64
　3　デジタル分野を含む企業秘密の窃盗に対し刑事罰を科す …… 64
　4　知財協定の評価 ………………………………………………… 65

第2節　国営企業（規制）：例外をベトナム・マレーシアに
　　　認める ……………………………………………………………… 66
　1　背景と交渉の経過 ……………………………………………… 66
　2　協定のポイント ………………………………………………… 66
　3　特徴 ……………………………………………………………… 67
　4　マレーシアとベトナムにおける例外措置 …………………… 68
　　　（1）ベトナム …………………………………………………… 68
　　　（2）マレーシア ………………………………………………… 68

第3節　政府調達：マレーシア・原住民企業への優遇政策
　　　を維持 …………………………………………………………… 70
　1　原住民優遇政策 ………………………………………………… 70
　2　TPP協定における優遇政策の修正 …………………………… 70
　3　マレーシアの参加したTPPの成立 …………………………… 71

第4節　投資家対国家の紛争処理（ISDS）：タバコ規制を除外 … 72
　1　「投資家対国家の紛争処理」とは何か ………………………… 72
　2　国際投資紛争解決センター …………………………………… 72
　3　TPP投資協定における「投資家対国家の紛争処理」につ
　　　いての規定 ……………………………………………………… 73
　4　オーストラリア：TPP協定に基づき、ISDSからタバコ
　　　規制を除外 ……………………………………………………… 73
　　　（1）オーストラリアのタバコ規制 …………………………… 73

（2）フィリップモリスによる「投資家対国家の紛争処理（ISDS）」
　　　　への提訴・・　74
　　（3）オーストラリア政府：TPP協定に基づき、タバコ規制をISDS
　　　　から除外・・・　74

第5節　環境：アメリカ提案にカナダ提案を加え合意・・・・・・・・・・　75
　　1　アメリカの提案と各国の反応・・・・・・・・・・・・・・・・・・・・・・・・・　75
　　2　カナダの提案・・・・・・・・・・・・・・・・・・・・・・・・・・・・・・・・・・・・・・　75
　　3　紛争処理メカニズム：アメリカ案にカナダ案を加えて合意・・　76

第6節　労働：当初のアメリカ案からソフト化・・・・・・・・・・・・・・・・・　77
　　1　アメリカの提案・・・・・・・・・・・・・・・・・・・・・・・・・・・・・・・・・・・・　77
　　2　先進国による譲歩案・・・・・・・・・・・・・・・・・・・・・・・・・・・・・・・・　77
　　3　紛争処理メカニズム：環境と同じ方式で合意・・・・・・・・・・・・・　77

第7節　原産地ルール：アメリカ、ベトナムの要求を考慮・・・・・・　79
　　1　当初のアメリカの提案・・・・・・・・・・・・・・・・・・・・・・・・・・・・・・　79
　　2　ベトナムの反応・・・・・・・・・・・・・・・・・・・・・・・・・・・・・・・・・・・　79
　　3　アメリカの新提案・・・・・・・・・・・・・・・・・・・・・・・・・・・・・・・・・・　80

第Ⅵ章　TPPによる経済（GDP）の押し上げ効果・・・・・・・・・・・・　81
　　1　世界銀行、ピーターソン研究所、日本政府の予測・・・・・・・・・　81
　　　（1）ピーターソン国際経済研究所・・・・・・・・・・・・・・・・・・・・・・・　81
　　　（2）世界銀行の予測・・・・・・・・・・・・・・・・・・・・・・・・・・・・・・・・・　81
　　　（3）日本政府の予測・・・・・・・・・・・・・・・・・・・・・・・・・・・・・・・・・　81
　　2　いずれも完全雇用を前提・・・・・・・・・・・・・・・・・・・・・・・・・・・・　82
　　3　完全雇用の前提は、現実に反する・・・・・・・・・・・・・・・・・・・・　82
　　4　タフツ大学グローバル開発環境研究所の予測・・・・・・・・・・・・・　83

（1）タフツ大学の方法 ··· 83
　　　（2）タフツ大学の予測結果 ··· 83

第Ⅶ章　平成27年度『農業白書』を論評する ···························· 85
　1　政府のTPP対策は「万全」といえるか ···························· 85
　　　（1）現行の肉用肥育牛と養豚の経営安定対策 ························· 85
　　　（2）政府の対策とその問題点 ··· 85
　2　TPP経済効果分析のモデルの特徴を明示すべき ················ 86
　3　収入保険：主たる対象は個別作物 ································· 87
　4　酪農経営問題 ··· 88

第Ⅷ章　日本農業・農政の方向と課題 ······································ 91
第1節　飼料用米生産の拡大路線－意義、はらむ問題、課題－ ··· 91
　1　飼料用米生産の拡大 ·· 91
　　　（1）飼料用米への数量払いの導入 ····································· 91
　　　（2）飼料用米生産拡大の目標と意義 ································· 93
　　　（3）飼料用米生産の拡大 ··· 93
　　　（4）同時に、主食用米の需給調整を行う ····························· 93
　2　はらむ問題 ·· 94
　3　課題 ··· 95

第2節　水田・汎用化：推進の課題 ······································ 97
　1　水田における主食用米以外の作物生産の必要性 ··············· 97
　2　土地基盤の整備状況 ·· 97
　3　飼料用米生産・拡大のはらむ問題 ································ 98
　4　トウモロコシ生産の準備、水田汎用化の強力な推進 ········· 98

あとがき ·· 101

第Ⅰ章　ＴＰＰ協定の全体像とアメリカの批准問題

　TPP交渉は2015年10月に妥結し、2016年2月に調印され、目下（2016年10月時点）、加盟各国において批准に向けた作業が行われている。
　そのなかで、最も難航しているのが、アメリカである。
　そのアメリカの難航は、TPP協定・知財分野の「バイオ新薬のデータ保護期間」の問題－協定通りの8年でよい（オバマ政権）か、アメリカ国内法の12年に修正すべき（議会共和党）か－に関わっている。
　そこで、まず、TPP協定の全体像を、簡潔に見ることから始めたい。

第1節　ＴＰＰ協定の全体像

　2015年10月、アメリカ・アトランタで行われたTPP閣僚会合において、TPP交渉は大筋合意に達した。その1カ月前（7月28－31日）のハワイにおける閣僚会合で難関分野として残った問題－バイオ新薬のデータ保護期間、自動車原産地規制の割合、乳製品問題－が、アトランタで解決し、合意に達したのである。

1　大筋合意：ＴＰＰ協定の要点
（1）ハワイ閣僚会合（2015年7月）における難関分野
　1）バイオ新薬のデータ保護期間－12年か、5年か－
　この問題は、TPP交渉における最大の対立点であった。

アメリカは、生物学的薬剤（バイオ薬品：目下HIVの治療薬として用いられており、今後がんなどの治療薬として薬品の中心になる）について、アメリカの現行法の通りに開発会社による12年間の臨床データ独占使用期間を設けるべき、としてきた。

「新薬の特許期間＋データ独占使用期間」の間、他の企業は、新薬開発会社の臨床データを用いて後発薬品（廉価版薬品：いわゆるジェネリクス）を作り、販売することはできない。アメリカ政府と製薬会社は、新薬の開発には多額の開発費がかかるから、新薬の開発を進めて行くには長期のデータ保護期間が必要とした。

これに対し、オーストラリア（以下、豪州）・ニュージーランド（以下、NZ）や途上国（ペルー、チリなど）は、新薬のデータ保護期間が長期になれば、廉価版薬剤（ジェネリクス）の販売が大幅に遅れ、薬価の上昇を引き起こすおそれが大きいとして、豪州・ペルーなどの現行国内法の期間＝5年を主張し続けてきた。ハワイ閣僚会合においても両者の溝は埋まらなかったわけである。

2）自動車原産地規制

原産地規制とは、「交渉で合意された関税の撤廃－削減を前提に加盟相手国に輸出するためには、その製品のうちどれくらいを、加盟国内で作ったものにするのか」を規制するルールである。

自動車の原産地規制について日本とアメリカは、完成車とエンジン・変速機などの主要部品について45％、その他の部品については30％の割合で妥結し、それをメキシコ、カナダに提示した。だが、日米でまず合意し、それをメキシコ・カナダに示すというのは、関係国による協議とは言えなかった。メキシコ・カナダは、日米の合意内容に強く反発したのである。

3）乳製品問題

日本はハワイ閣僚会合で、バターと脱脂粉乳について、TPP加盟国全体

に対し、低関税の優先輸入枠を生乳換算で7万トン（国内生産量の0.9％：バターにすると約6,000トン）設定する提案を行った。ただし、NZは、NZ1国で9万トンが必要とし、これでは不十分とした。カナダの「乳製品について新しい関税割当枠（低関税での輸入枠）を設定する」提案に対しても、NZ・アメリカは不十分とした。

難関3分野のいずれにおいても、関係国間の溝が埋まらないまま、ハワイ閣僚会合は終わったのである。

（2）アトランタ閣僚会合（2015年9月30日－10月5日）における大筋合意

2015年9月下旬、首席交渉官会合において、自動車問題の議論がかみ合い始め、アトランタ閣僚会合開催後、NZが酪農品について姿勢を軟化させ、日本に歩み寄りの姿勢を示し始めた。

残るバイオ新薬のデータ保護期間の問題は、アメリカ－豪州の協議に委ねられ、両者の協議は、当初10月2日までとされていた閣僚会合の期限を5日まで延長して続けられ、合意に達したのである。

バイオ新薬のデータ保護期間－12年か、5年か－に関し、8年とする妥協案が提起され、アメリカは8年の妥協案に応じるとした。だが、豪州（およびペルー・チリなど）は「国内法による5年を延長することはできない」として「期間8年」にも反対し、閣僚会合を2度にわたり延長して対米協議を続け、「①8年、または、②5年プラス8年と同様の効果をもたらし得る他の措置」[1]の内容で妥結した。妥結後、豪州政府は、「データ保護期間5年など薬価行政のすべてが現行通り維持される」との声明を発表したのである。

自動車の原産地規制ルールは、「完成車について45％、部品について35－45％」で妥結した。部品の原産地比率は「35－45％」と幅がもたされている。メキシコはメキシコにとってのセンシティブ（考慮すべき重要な）部品を、カナダはカナダにとっての優先部品を45％に設定するとされる。メ

キシコとカナダの関心事項が考慮され、自動車原産地規制ルールは合意に達したわけである。

酪農品問題についてNZは、強硬姿勢を収め、日本、カナダなどのハワイ閣僚会合における提案を受け入れた。こうして、アトランタ閣僚会合において難関3分野が決着し、大筋合意＝TPP協定が成立したのである。

（3）ルール主要分野

TPP協定には、物品自由化に関する章以外に、21のルール分野に関する章がある。ちなみに、バイオ新薬のデータ保護期間の問題は、知的財産権（知財）の章に含まれている。

ルール分野において、知財以外の章で重要な「国営企業規制」と「政府調達」における特徴的な内容を、簡単に指摘しておこう。

1）国営企業規制

TPP協定・「第17章　国営企業」は、「国営企業は、商業的な考慮に基づいて、購入・販売の商業的活動を行う」「国営企業に非商業的支援を与える際、他のTPP諸国にマイナスの影響を与えてはならない」などを規定し、民間企業と同等の活動を行うべきことを規定している。

だが、国営企業が大きなウエートを占めるベトナムについて、「ベトナムにおける法と規制に従えば、規制された価格で、あるいは、その他の条件の下で、製品を購入したり販売したりすることができる」とし、規定の適用を制限する例外措置を認めている。マレーシア、シンガポールについても、付属文書において「一定のガイドラインに基づけば、TPPの義務を免れうる」としているとされる。これらの国における国営企業の存在を前提に、それに対する柔軟な扱いを行っているのである。

2）政府調達

マレーシアにおいては、原住民（マレー人）に対する優遇政策（ブミプト

ラ政策）がとられている。マレーシア政府は、マレー人（その企業）の供給者に、価格優遇措置を与え、一定の基準以下での契約を一定量用意している。これは、「原住民に特別な扱いが必要」とするマレーシア憲法 153 条に由来すると言われる。マレーシア政府によるこの原住民優遇政策の維持が、2008 年に米－マレーシア FTA 交渉を中断させた理由であった。今回の TPP 協定では、アメリカは、政府調達におけるマレーシア政府の原住民優遇政策を、その価格優遇の度合いを引き下げるということで、基本的に認めたのである。

アメリカは、ベトナム、マレーシア、シンガポールなどのセンシティブ（考慮すべき重要な）事項を基本的に容認することにより、TPP 交渉に参加した 12 カ国全体による TPP 協定の発足（アジア太平洋地域においてアメリカが関与する経済グループの形成）にこぎつけたわけである。

（4）物品自由化

TPP 協定による日本以外の 11 カ国の品目ベースの関税撤廃率は、カナダ、メキシコ、ペルーが 99％、他の 8 カ国は 100％である（表Ⅰ－1）。貿易額ベースの撤廃率は、メキシコ 99％以外は 100％である。関税撤廃率は極めて高い。2011 年 11 月の TPP 首脳（その時点では日本は参加していない）による「原則関税撤廃を目指す」とした協定のアウトラインが実現されているといっていい。

これに対し、日本の関税撤廃率は 95％である。日本だけが一段階低い。日本は、2 年半遅れて、2012 年 7 月に参加し、その参加にあたり、日米首脳会談において「TPP 交渉に参加するにあたり、すべての関税の撤廃をあらかじめ求められるものではない」ことを確認して参加したことが、この背景に存在する。非関税撤廃率 5％は農産物である。日本は重要農産物を関税撤廃の例外としたわけである。

表Ⅰ-1 TPP参加国の関税撤廃率

(単位：％)

国	品目ベースの撤廃率	貿易額ベースの撤廃率
日本	95	95
アメリカ	ほぼ100	ほぼ100
カナダ	99	ほぼ100
豪州	ほぼ100	ほぼ100
NZ	ほぼ100	ほぼ100
シンガポール	100	100
メキシコ	99	99
チリ	ほぼ100	ほぼ100
ペルー	99	ほぼ100
マレーシア	ほぼ100	ほぼ100
ベトナム	ほぼ100	ほぼ100
ブルネイ	100	100

資料：農林水産省「TPP参加国の関税撤廃率」
注：1) シンガポールとブルネイ：すべての品目について関税撤廃。

(5) 日本の重要農産物についての結果

その日本の重要農産物の結果について簡単にふれておこう。

1) 牛肉関税：38.5％から15年目9％に

牛肉の関税は、協定発効後1年目に現行38.5％から27.5％に10％ポイント下げられ、以降、段階的に削減されていき、15年目に9％に下げられる。9％の水準は、日豪EPAにおける冷凍肉18年目の関税19.5％の半分であり、現行38.5％の4分の1となる。

2) 安い豚肉の関税：キロ482円から10年目50円に

1キログラム65円以下の安い豚肉の関税は、1年目に現行482円/kgの4分の1の125円に、5年目に7分の1の70円に、10年目に約10分の1の50円に下げられる。さらに、12年目にはセーフガードも廃止される。

高い豚肉の関税（現行4.3％）は、1年目に2.2％に下げられ、以降、段階的に下げて10年目に撤廃される。12年目にはセーフガードも廃止される。

3）TPP 政策大綱における牛肉と豚肉

こうした畜産物についての結果は、関税撤廃を免れてはいるものの、その大幅に引き下げられた関税水準は、国内生産を維持し得る国境措置ではない。そこから、次のような政府のTPP対策がとられた。

肉用牛と養豚の経営安定対策について、「粗収益（販売価格）と生産コストの差についての補填を現行の8割から9割にする」、その基金への拠出金について、養豚の「生産者1：国1」を、肉用牛と同じ「生産者1：国3」とする、とされた。補填水準を引き上げるとしたこと、養豚生産者の拠出金を肉用牛並みとしたことは、評価しうる。

ただし、生産者が基金の4分の1の拠出金を払うことを前提にすれば、実質的な補填水準は、差の約3分の2＝67.5％（90％×0.75）にとどまることが留意される必要がある。

TPP協定における関税の引き下げは、政府の意向で行われたのであるから、本来、差の10割が補填されるべきである。

2　ＴＰＰ合意（協定）の焦点：バイオ新薬のデータ保護期間

日本にとっては、重要農産物の扱いがTPP交渉（協定）の中心問題であった。しかし、TPP交渉全体から見れば、その焦点は、バイオ新薬のデータ保護期間の問題－アメリカの主張する12年とするのか、豪州・途上国の要求する5年とするのか－にあった。

バイオ薬品は、現に途上国においてHIVなどの治療薬として広範に用いられ、そのもっとも重要な薬品の1つに位置している。それが、安価に利用しうるか、否かは、途上国の死活問題である。

また、アメリカ等先進国の製薬会社にとって、バイオ薬品は、がんなどの治療薬として今後の薬品の中心になるものとされている。そのデータ保護期間が何年になるかは、製薬会社にとって極めて重要な問題である。

バイオ薬品は、途上国にとっても、アメリカ・先進国にとっても、ともに、重要な品目なのである。それゆえ、バイオ新薬のデータ保護期間がTPP

交渉の中心問題となったわけである。

　この問題は、アメリカの主張：12年と豪州・途上国の主張：5年の間＝8年（8年、または、5年プラス8年と同等になる国内措置）をとって妥結した。

　交渉である以上、妥結を行おうとすれば、妥協は避けられない。しかし、アメリカ議会において多数を占める共和党は、協定の8年に対し、12年が必要とし、協定の修正を要求しているのである。アメリカ議会におけるTPP批准問題は、ここから発生している。

第2節　アメリカの批准問題

1　アメリカにおけるTPP批准問題

アメリカにおけるTPP協定の批准問題は、次の2つになる。
① オバマ政権が、TPP協定の実施法を議会に提起しうるか。提起した場合、議会が批准するか。議会の批准は共和党の態度にかかる。
② オバマ政権下で、議会が批准しない、または、オバマ政権が、TPP協定の実施法を提起しえずに、オバマ政権下で批准が行われない場合には、TPP協定の批准問題は、次期政権に持ち越される。そこでは、大統領（現大統領候補）の態度が問題になる。

2　議会共和党－オバマ政権の問題

　前述のように、TPP協定について、ハッチ上院財政委員長を中心とする議会共和党は、政府＝オバマ政権に対し、バイオ新薬のデータ保護期間 8 年（8 年、または 5 年プラス 8 年と同等になる他の国内措置）を 12 年とするように要求している。その修正が批准の前提条件としているのである。この共和党の背後には、製薬業界がある。巨額の開発費が必要となるバイオ薬品には、他の製薬会社が後発薬品を簡単には製造・販売しえないように、長期のデータ保護期間が必要とする。

　2016 年 6 月 15 日に、この問題について、ハッチ委員長とオバマ大統領の電話会談が行われた。ハッチ委員長がバイオ新薬のデータ保護期間として 12 年を押したのに対し、オバマ大統領は「実質 8 年を用意する（TPP 参加国について、「5 年プラス 8 年と同等になる他の国内措置」が実質 8 年となるように保障する）」としたが、ハッチ委員長は、「受け入れられない」として、会談は失敗したとされる[2)]。

　この問題をめぐる政権：通商代表部と共和党との間の折衝は、2016 年春以降、何回か行われてきた。ハッチ委員長とオバマ大統領の電話会談はそ

の重要な一環であった。その失敗は、この問題の打開が容易ではないことを示している。TPP協定において、「8年、または、5年プラス実質8年となる他の国内措置」としている以上、それを12年とすることは（それには、他国との再交渉が必要となる）容易には想定しえないからである。

　こうした膠着状態が続く限り、政府が、議会での批准の展望を持った形で、TPP実施法を議会に提出することは起こりえない。

　TPP協定の批准問題が次期大統領下の審議に持ち越される可能性は小さくないとみられる。

3　大統領候補のＴＰＰへの態度
（1）共和党トランプ候補

　ドナルド・トランプは、「セブン・ステップの経済計画」を提起し、①北米自由貿易協定（NAFTA）については、再交渉する。それができなければ、脱退する。②TPPは、アメリカの雇用にとって最悪であり、協定から手を引く」としている。

　TPP協定の批准が次期大統領のもとに持ち越された場合、仮にトランプが大統領になれば、彼は、協定の批准を議会に提起せず、TPP協定は成立しない。

（2）民主党クリントン候補
1）サンダースからの「TPP反対」圧力

　ヒラリー・クリントンは、当初は、TPP支持に近い立場であったが、バーニー・サンダース上院議員の強いTPP反対と彼への若者を中心とする民主党員の支持の動きによって、TPP反対に軸足を移してきた。

　こうした中で、6月25日の民主党綱領起草委員会において、サンダースは「TPP反対の提案」を行ったが、起草委員会はそれを否決し、代わりに「労働者と環境を守る貿易協定を支持する」とし、TPPには言及することはなかった。これは、オバマ政権がTPPを締結し、その早期批准を目指し

ていることを考慮したことによる、とされる³⁾。
　そして、7月9日の最終草案を決定する起草委員会に置いて、サンダースは、TPP 反対の文言は盛り込めなかったが、自己の主張である「①最低賃金を時給 15 ドルに引き上げる。②気候変動対策を策定する」ことを民主党綱領に入れ、その綱領を「民主党綱領のなかで最も進歩的なもの」と評価したといわれる。サンダースも、トランプに対する民主党の結束を優先させたのである。また、そこから、7月13日、サンダースはクリントン候補への支持を正式に表明するに至った。

2）クリントンの貿易政策

　クリントンは、2016 年 3 月に、次のような「グローバル貿易についての5つのプラン」を提起していた。
① 貿易強制措置の強化－首席貿易訴追官（大統領に報告）の新設を含む。
② アンチ・ダンピングにおいて、中国には市場経済国のステータスを与えない。
③ 関税の賦課のような新しい手段を用いて、為替操作と闘う。
　　報復関税という報復措置をとりうる補助金の対象として、減価した通貨を調べることを商務省に課す。
④ 貿易強制に携わる職員の数を3倍にし、新しい早期の警告ステムを作る。
⑤ 請願を待たずに、政府自らが、救済措置を発動する⁴⁾。

　2016 年 6 月までのクリントンは、こうした貿易政策を TPP 協定に付随させ、TPP 協定の内容に制限をかけることを（選択肢として）考えていたとみられる。16 年 6 月までのクリントンは、トランプのような明確な TPP 反対の立場はとっていなかったのである。

3）TPP 反対へ

　2016 年 7 月の民主党大会以降、クリントンはそれまでの「曖昧な TPP

反対」から、明確なTPP反対に移った。それは、8月に入ってからの「大統領になってからも、TPPに反対する」とした発言に示されている。

貿易協定は「アメリカの雇用を奪い、賃金を引き下げる」という労働組合の立場と労働者大衆の気持ちを全面的に受けとめる方向に転じたのである。それなしには、大統領選を有利に戦えないと判断したからであろう。

（3）次期大統領候補のいずれもがTPPに反対する背景

このように、アメリカ大統領候補のいずれもがTPPに反対するという事態になっている。

その背景には、「NAFTAなどの自由貿易協定は、アメリカの雇用を奪い、賃金を引き下げている」というアメリカ大衆の認識がある。

表Ⅰ-2のように、アメリカの失業率はリーマンショック後の2010年9.6％をピークに下がり続け、2015年には5.3％に低下し、失業人口も1,482万人から830万人へと減少している。アメリカの雇用は拡大し、「アメリカの雇用は奪われている」という大衆の認識は、一見すると根拠がないように見られる。

だが、貧困ライン以下の人口は、2007年3,730万人から増大し、2010年以降は07年の水準を24％以上も上回る4,600万人台を続けている。貧困人口の割合は、2007年12.5％から2013・14年14.8％へと上昇しているのである。

表Ⅰ-2 アメリカの中位所得、貧困ライン以下の人口、失業率（2007-2014）

年	中位所得 (1,000ドル) (2014価格)	貧困ライン以下の人口		失業率 (％)	失業者数 (万人)
		100万人	％		
2007	70.1　(100)	37.3　(100)	12.5	4.6	708
2010	65.4　(93.3)	46.3　(124)	15.1	9.6	1,482
2013	65.5　(93.4)	46.3　(124)	14.8	7.4	1,146
2014	66.6　(95.0)	46.7　(125)	14.8	6.2	962
2015				5.3	830

資料：Economic Report of the President, Feb. 2016, p.410.

雇用は拡大しても、その中身は非正規やパートタイムの多い低賃金のサービス産業が中心となっており、賃金の高い製造工業（その従業員は中流階級に属す）の雇用は縮小しているのである。その結果、アメリカの賃金水準は低下している。それが、賃金の低下している労働者・国民大衆と上層・富裕層との間の経済格差の拡大を引き起こしているわけである。

上述のように、現政権下における議会においてTPPが可決される可能性はほとんどない。加えて、次期大統領候補がいずれもTPPに反対しているということは、現政権下においても次期政権下においても、アメリカにおいてTPPが成立する可能性は、ほとんどないということを意味している。

4　オバマ政権：「ＴＰＰについての政府行動声明」を議会に送付

こうしたなかで、アメリカ政府（USTR）は、2016年8月12日、「TPPについての政府行動声明（SAA）」を議会に送付した。

昨年成立した貿易促進法（ファースト・トラック法）は、「政府（USTR）は、TPP協定の実施法を議会に提起する30日前までに、SAA草案を議会に送らなければならない」としている。

SAA草案は、TPP協定の実施法と政府の行動が、どのようにアメリカの国内法を変えるか、を記述したもの。ただし、そこで、いつ協定の実施法を議会に提起するかについては、述べていない。政権と議会共和党の間に、実施法の内容についての合意－議会が提起している問題（バイオ新薬のデータ保護期間など）を、どのように措置するかについての政府と議会の間の合意－がないからである。

この政権の行動について、ハッチ上院財政委員長のオフィスは、次のように語っている。

「議会の提起した多くの問題が解決されていない。これを踏まえれば、この時期に、SAAを議会に送るのは早すぎる。政権が、TPP協定について議会で広い支持を確保するために真剣であるかについて疑問を起こさせる」[5]と。

オバマ政権は、在任中に何とかTPP協定の成立を図ろうとしているが、それについて、議会の多数を握る共和党との間に、依然として合意は図られていないのである。

注
1) The Full Text of TPP, on Medium, Chapter 18 Intellectual Property, p.44.
2) Inside US Trade, 2016,7/11.
3) Inside US Trade, 2016, 7/11.
4) Inside US Trade, 2016, 3/2.
5) Inside US Trade, 2016, 8/16.

第Ⅱ章　ＴＰＰ交渉と日米協議
－開始の背景・展開・妥結の経緯－

第1節　アメリカ主導による交渉の開始（2010 年 3 月）とアメリカの狙い

1　当初のＴＰＰ４

　アメリカ主導の交渉が始まる前に、すでに、TPP は存在していた。それが、シンガポール、ニュージーランド（以下、NZ）、チリ、ブルネイ 4 国が 2006 年に発足させた当初の TPP4 (Trans-Pacific Strategic Economic Partnership Agreement: TPP。環太平洋戦略的経済連携協定。以下、TPP4）である。

　物品については、一部品目の段階的な（10 年前後かけた）自由化を含みつつも、ほぼ例外なく自由化に移行させる協定となっていた。4 カ国は小国[1]で国内に製造工業などは持たないから、工業製品は専ら輸入に依存しており、もともと関税は低い。関税が低い（ない）ことが 4 カ国の国益につながっているのである。

2　アメリカ主導の拡大ＴＰＰ交渉の開始

　2009 年 11 月、オバマ大統領は、「21 世紀の貿易協定にふさわしい、高い水準と幅広い加盟国を持った地域協定を作る目的を持って、TPP 諸国と交渉を行う」ことを表明。アメリカがオバマ政権のもとで、拡大 TPP 交渉に正式に参加することになった。

　こうして、2010 年 3 月、当初 TPP4 カ国＋新 4 カ国、すなわち、シンガ

ポール、NZ、チリ、ブルネイ、アメリカ、豪州、ペルー、ベトナムの 8 カ国が、「環太平洋経済連携協定 (Trans-Pacific Economic Partnership Agreement)」の形成を目指す交渉を開始したのである。2010 年 10 月にマレーシア、2012 年 7 月にカナダ、メキシコ、2013 年 7 月に日本が参加し、以降 12 カ国による TPP 交渉が行われてきた。

3　拡大ＴＰＰ交渉におけるアメリカの意図

アメリカが拡大 TPP 交渉に乗り出した意図には、次の 3 つの側面があった。

（1）アジアにおける経済連携への関与

1）2009 年までのアジア太平洋における経済連携の枠組

アメリカ主導による新たな TPP 交渉が始まる前＝2009 年までのアジア太平洋地域における経済連携の枠組は、「ASEAN（東南アジア諸国連合 10 カ国）＋3（日本、中国、韓国）と「ASEAN＋6（日・中・韓、豪州、NZ、インド）」の 2 つであった。

これらは、いずれも、ASEAN が中心になっており、それに日・中・韓、あるいは日・中・韓・豪・印・NZ が加わる形になっている。

この 2 つの経済連携の特徴は、いずれもアメリカを含んでいないことにある。アメリカが入っていないのには、2 つの理由があった。

1 つは、1990－2000 年代前半におけるアメリカの関心の焦点がイラク・アフガニスタン＝中近東にあり、アジアはアメリカの関心の外に置かれていた。もう 1 つは、ASEAN 諸国が、アメリカが入るとアメリカの意向でことが進むことを警戒して、アメリカの参加を必ずしも歓迎してはていなかったことである。

2）TPP によるアジアへの関与

アメリカが TPP 交渉に乗り出した 2010 年時点における TPP についてのアメリカにおける唯一の文献であるアメリカ議会調査局 (CRS) のレポート

「Trans-Pacific Economic Partnership Agreement」は次のように言う。

「アジアが経済発展の世界的な中心になりつつあるなかで、アメリカが経済連携の外側に立ち続けるならば、アジア諸国は、成長を続ける中国と先進経済の日本にさらに引き寄せられ、アメリカはアジアの経済成長から取り残されるおそれがある。こうした状態を生み出さないためには、アジアにおける地域連携からアメリカが排除されている事態を解消しなければならない」[2)]。これが、アメリカが新たなTPP交渉を開始するに至った基本的な理由である。

（2）アジアへの輸出拡大

2010年3月に新たなTPP交渉がアメリカ主導で始まったことは、拡大TPPがオバマ政権の輸出拡大戦略と強く連動していたことを意味していた。

オバマ大統領は2010年1月の一般教書演説（日本での施政方針演説に当たる）において、今後5年間で輸出を倍増させる「国家輸出計画」を打ち出した。

オバマ大統領は、この輸出倍増計画の実施をもって、2008年のリーマンショック後10％近い高い失業率が続いていた状態を打開する方策（雇用創出戦略）の1つにしようとしたのである。

（3）中国に対する戦略的側面

アメリカ主導のTPPは、アジアに対するアメリカの経済的関与と輸出増大の手段というだけのものではない。そこには、アジアにおいて経済的存在感だけでなく政治的軍事的存在感を増しつつある中国に対するアメリカ主導の独自の経済グループの形成→それによる中国への圧力の形成という戦略的側面が存在する。アメリカ国務省（日本の外務省にあたる）が重視するのはこの側面であろう。日本では、内閣府と外務省、さらには、安倍政権自体が同じ視点を持っている。

第2節　ＴＰＰの交渉分野と交渉方式：物品自由化分野とルール分野

　TPP 交渉は、物品3分野（①農産物、②繊維製品、③その他の工業製品）とルールに関わる21分野〔知的財産権（知財）、国営企業規制、環境、労働、原産地規制、投資など〕について交渉を行ってきた。

1　物品自由化分野とルール分野で交渉方式が異なる

　TPP と同様の多国間交渉であるガット・WTO 交渉においては、いずれの分野も、全加盟国による交渉であり、加盟国全体に共通する単一の協定の策定が目指され、行われてきた。

　TPP では、ルール分野は参加国全体による交渉であるが、物品自由化交渉は2国間交渉によって行われてきた。

2　物品自由化分野：2国間交渉

　物品（市場開放）交渉は、「すでに2国間協定がある国とは交渉をしない」というアメリカの方針により、2国間交渉として行われてきたのである。

　アメリカと豪州の間には、すでに、FTA 協定があり、そこにおいて、アメリカ側は、108品目を非自由化品目としており、そのなかに、砂糖とチーズが含まれている。

　アメリカがすでに2国間協定がある国とは交渉しないとしたのは、アメリカは豪州に対しては砂糖・乳製品の輸入国であり、それについての豪州からの輸入増を排除するためであった。

　このアメリカの方向に対して、当初豪州などは反対していたが、2国間と多国間の両方の交渉を認めるということになり、結局、アメリカの意向が通ったのである。

　したがって、TPP における物品自由化交渉は、「12カ国全体が共通の関税削減表を作る。そのための交渉を12カ国が行う」という、これまでガッ

トやWTOで行われてきた交渉方式ではない。TPPの物品自由化協定は、2国間交渉の総和という形になったのである。

3　ルール分野：全参加国による交渉

これに対し、ルール分野は、参加国全体による交渉である。

アメリカは、21ルール分野全体について提案を提起してきた。アメリカが、物品自由化について、自国の利害に基づき「2国間協定のない国との間の2国間交渉」を推し進めたことと合わせ、「アメリカ主導のTPP交渉」とする所以である。

第3節　ＴＰＰ首脳声明と協定のアウトライン(2011年11月)
　　　　ーＴＰＰへの基本的視点ー

1　協定のアウトライン

　2011年11月、TPP交渉国は首脳声明と「協定のアウトライン」を発表した。

　協定のアウトラインは、「包括的な市場開放、すなわち、関税および商品・サービス・投資への障害を撤廃する。商品の市場開放において、WTO義務を大幅に超える約束と非関税措置の廃止を含む関税の撤廃を措置する」(囲みⅡ-1)とした。TPP交渉は、原則として関税撤廃を目指すものであることを正式に表明したのである。

囲みⅡ-1　TPP首脳声明：協定のアウトライン (2011年11月12日)

- 包括的な市場開放：関税と商品・サービス・投資への障害を撤廃する。
- 商品の市場開放：WTO義務を大幅に超える約束と非関税措置の廃止を含む関税の撤廃を措置する。
- 重要品目(事項)を適切に措置する必要。(上記の枠内での処理＝関税の長期・段階的撤廃、セーフガードなどを意味する)
- 関税表(関税撤廃・削減の行程表)：11,000の全品目をカバーする＝全品目を載せなければならない。

2　ＴＰＰへの基本的視点

　日本は、農業に用いる土地が限られていることから、農産物重要品目の国内生産の維持に一定の関税を必要とする。それゆえ、本来、日本はTPPに参加しえない。また、すべきではない。

　内閣府による日本がTPPに参加した場合の経済試算(2013年3月)によると、「TPPに参加してから一定期間後(TPP参加に伴う経済構造調整を経て中長期の均衡に達した時点)において、日本のGDPは0.66％＝3.2兆円(農業以外での伸び6.1兆円－農業のマイナス2.9兆円)増大する」とされた。

一定期間を、前回の試算発表時（2010 年 11 月）の場合と同様に 10 年とすれば、年平均 0.066％（3,200 億円）程度の伸びにすぎない。仮に農業のマイナスを考慮せず、農業以外の伸びだけを考慮するとしても、年平均 0.13％（6,100 億円）ほどの伸びにとどまる。TPP 参加による経済効果は小さいのである。

　これは、日米両国の関税がすでに極めて低くなっていること（日本の平均関税率 2.5％、アメリカ 3％、表Ⅱ－1）、日本企業のアメリカ現地生産－販売比率が高いこと（自動車の場合には 75％）による。関税が高ければ、関税削減・撤廃の効果は大きいが、関税が低ければ、その効果は小さいのである。

　また、安倍首相は、日本が TPP に参加すれば、「日本はルール分野の交渉を主導する」としてきたが、日本がルール分野において何を獲得しようとするのかについては、具体的には何も語っていない。要するに、日本が TPP に参加して、ルール分野でこれを実現しようとする特別なものは、存在しなかったのである。

　こうした点を踏まえれば、日本は TPP 交渉に参加する必要はなかったのである。

表Ⅱ－1　主要国の関税率

（単位：％）

国	全品目平均（2010）[1]	農産物（2000）[2]
日本	2.5	12
アメリカ	3.0	6
豪州	3.8	3
カナダ	4.2	5
EU	4.0	20
韓国	6.6	62
タイ	8.0	35
インド	33	124

注：1）WTO による。実効税率の単純平均。カナダ・インド：2003 年。世界銀行による。
　　2）OECD による。

第4節　日米首脳会談（2013年3月）による日本の参加
　　　　－日本政府の2つの課題－

1　日本の参加：日米共同声明に基づく

　2013年2月25日に行われた日米首脳会談に基づく日米共同声明は、「日本の場合にはいくつかの農産物、アメリカの場合にはいくつかの工業製品のようなセンシティブ（考慮すべき重要な）品目があることを認め」「TPP交渉に参加するにあたり、一方的にすべての関税を撤廃することを前もって約束することを求められるものではない」（囲みⅡ-2）とした。

　安倍首相は、日米首脳会談と日米共同声明において「聖域なき関税撤廃は前提とされていないことが確認された」とし、3月15日、TPP交渉への参加表明を行ったわけである。

囲みⅡ-2　日米共同声明（2013年2月25日）のポイント

> 1. もし日本がTPP交渉に入るならば、すべての品目は交渉の対象になるものとし、日本は、2011年11月12日のTPP首脳の声明に述べられている包括的で高い水準の協定を達成する作業に加わることになる。
> 2. 両国には、<u>日本の場合にはいくつかの農産品、アメリカの場合にはいくつかの工業製品の</u>ようなセンシティブ（考慮すべき、重要な）品目があることを認め、両国政府は、最終結果は交渉を通して決められるべきものであるから、TPP交渉に参加するに当たり、<u>一方的にすべての品目の関税を撤廃することを前もって約束することを求められるものではないこと</u>を確認する。

2　安倍政権のTPPの基本的位置づけ：日米同盟の視点

　日本がTPPに参加すれば、たとえ、交渉を通して、重要品目の関税撤廃は免れたとしても、大幅な関税削減を迫られることは間違いない。日本農業への打撃は明らかである。

　他方、関税撤廃に伴う日本経済全体への経済効果は小さく、ルール分野で日本が得ようとするものが特別にあるわけでもない。

　そうしたなかで、何故、この日米共同声明をもって、参加表明に至った

のか。それは、安倍首相が、TPP を経済協定という次元で基本的に位置づけているのではなく、別の次元＝日米同盟の視点で基本的に位置づけ、そこに日本が参加する意味を見出しているからであろう。

安倍首相は、TPP を「普遍的価値観を同じくする国同士の協定」[3]、すなわち、中国を含まない経済協定＝中国に対抗する経済協定の視点で位置付け、その TPP を日米同盟に重ね合わせて位置付けているものと見られる。

したがって、日本の農産物にセンシティブ品目があることが認められれば、その扱いについては合意がなくとも、交渉において例外品目にし得る可能性があるものとして受け止め、日米共同声明において日本の重要農産物がセンシティブ品目と容認されたことをもって、TPP 参加の根拠としたものと思われる。

しかし、TPP は、何よりもまず経済協定である。こうした経済協定とは別の次元で TPP を位置付けることは、経済品目（重要農産物）についての位置付けを軽く見るという傾向を内包することにならざるを得ないのである。

3　国会決議と日本政府に課せられた2つの課題

首相の TPP 交渉参加表明を受けて、2013 年 4 月、国会衆参農林水産委員会は、次の決議を採択した。

「米、麦、牛肉・豚肉、乳製品、甘味資源作物などの農林水産物の重要品目について、引き続き再生産可能となるよう除外または再協議の対象とすること。10 年を超える段階的な関税撤廃も含め認めないこと。

交渉に当たっては、農林水産分野の重要 5 品目の聖域の確保を最優先し、それが確保できない場合は、脱退も辞さないものとすること」。

ここでいう「重要 5 品目の聖域の確保」の「聖域」とは「関税撤廃の例外」である。

日本政府の TPP 交渉－日米協議は、この国会決議に基づいて、次の 2 つを課題として行う交渉・協議となった。すなわち、

① 農産物重要品目を関税撤廃から除外する。
② 意味のある国境措置（関税水準など）を確保する。

　関税撤廃を免れても、関税撤廃に近い大幅な関税削減を約束するのであれば、実質的に関税撤廃と同じであり、国内生産（再生産）を維持しえないからである。

第5節 日豪EPA（経済連携協定）（2014年4月）

2014年4月、日豪EPAが大筋合意した。

焦点となった牛肉（冷蔵肉）の関税（現行38.5％）は10年目26.4％に引き下げられるが、削減された関税での10年目の輸入量上限14.5万トンは現行13万トンの12％増に抑えられている（表Ⅱ－2）。日豪EPAは日本の重要品目：牛肉に配慮した協定といっていい。

表Ⅱ－2 日豪EPA：牛肉

	関　税	削減された関税での輸入量上限
冷蔵肉	38.5％→15年後23.5％	現行13万トン（100）→10年後14.5万トン（112）。
冷凍肉	38.5％→18年後19.5％	現行19万トン（100）→10年後 21万トン（111）。
合計		10年後3.5万トン（11％）増。

1　全体内容

日豪EPAのマーケットアクセス分野のポイントは、以下のとおりである。日本の農産物関税について、

①コメは除外する。

②食用小麦、砂糖、バター・脱脂粉乳は、10年後に再協議する。

③プロセスチーズの抱き合わせ輸入（無税）比率を「国産1：豪州3.5」とし、20年間かけて2万トン拡大する。現行の抱き合わせ比率は「国産1：輸入品2.5」。

④飼料用小麦は無税化する。

豪州について、

⑤自動車（中小型車）の関税は即時撤廃。大型車については3年で撤廃する。機械・家電の関税は即時撤廃し、鉄鋼関税は5年以内に撤廃する（囲みⅡ－3）。

囲みⅡ-3　日豪 EPA：大筋合意（2014 年 4 月 8 日）

＜日本の農産物関税＞
・10 年後、88％超の自由化（関税撤廃）。
・コメ：除外。
・食用小麦、砂糖、バター・脱脂粉乳：再協議。
・プロセスチーズ・抱き合わせ（無税）比率。国産 1：豪州 3.5。これまでは 1：2.5。
・ブルーチーズ：10 年かけて関税を 2 割削減。
・飼料用小麦：無税化。
＜豪州の工業品関税＞
・自動車：中小型車、即時撤廃。大型車、3 年で撤廃。
・機械・家電：即時撤廃。
・鉄鋼：5 年以内に撤廃。

　以上のように、重要品目であるコメは除外し（無傷で現行のまま）、食用小麦、砂糖、バター・脱脂粉乳については「10 年後に再協議」、すなわち、10 年間は現行の関税・国境保護措置が維持・継続されることになっている。
　問題は、豪州が関税の大幅引き下げを強く求めてきた牛肉についての措置であった。

2　牛肉についての結果（措置）

　焦点となった牛肉について、冷蔵牛肉（国産品と競合）の関税（現行 38.5％）を 10 年目に 26.4％に、15 年目に 23.5％に下げ、冷凍牛肉の関税（現行 38.5％）を 10 年目 25％に、18 年目に 19.5％に引き下げるとしつつ、その引き下げた関税で輸入しうる上限数量を、冷蔵肉の場合 10 年目 14.5 万トン（現行 13 万トンより 1.5 万トン増）、冷凍肉の場合 10 年目 21 万トン（現行 19.1 万トンよりも 1.9 万トン増）にとどめている（表Ⅱ-3）。10 年目の合計輸入上限量は 35.5 万トン、現行 32 万トンから 3.5 万トン（11％）増に抑えられている（前掲表Ⅱ-2）。
　なお、関税の引き下げによる牛肉価格の下落を推測すると〔現行の卸売価格を前提に、冷蔵肉の関税を 23.5％（15 年目）に、冷凍肉の関税を 19.5％（18 年目）に引き下げた場合の卸売価格の下落を算定すると〕、冷蔵肉は 14％、冷凍肉は 11％の下落となる（表Ⅱ-4）。これは、各 15 年目、18 年

表Ⅱ-3　日豪EPA：牛肉の詳細

(単位：万トン、％)

	冷蔵肉 (万トン)		冷凍肉 (万トン)	
	関税 (％)	上限輸入量[1]	関税 (％)	上限輸入量
現行	38.5　(100)	13.0[2]　(100)	38.5　(100)	19.1[1]　(100)
初年度	32.5	13.0	30.5	19.5
2年目	31.5	13.7	28.5	19.67
3年目	30.5	13.33	27.5	19.83
4年目以降	15年目まで均等削減		12年目まで均等削減	
10年目	26.4	14.5　(112)	25％	21.0　(110)
15年目	23.5　(61)	[3]	13年目から均等削減	
18年目			19.5　(51)	

注：1) 上限輸入量枠：数量セーフガード。
　　2) 2011年・12年度平均。
　　3) 11年目以降：10年後に再協議。

表Ⅱ-4　日豪EPAによる最終的な牛肉の価格下落予測

種類	下落率 (％)
冷蔵肉	14
冷凍肉	11

注：1) 現行の卸売価格を前提に、表Ⅱ-3の関税引き下げの場合の卸売価格の下落を算定。

目における下落率であるから、価格への影響も小さい範囲にとどまりうるといっていい。

　日豪EPAは、国内への影響を小さくしうるように交渉し、それなりの結果を得たものとみなしうる。「重要品目：牛肉に配慮した協定」とする所以である。

3　日豪EPAとTPP交渉

　日豪EPAは「重要品目への配慮を体現した協定」であったから、TPP交渉において重要品目への考慮（柔軟な扱い）が必要とする日本にとって、日本の主張を具体的に示す提案として極めて重要な意味を持っていた。

　日豪EPAの大筋合意を機に、日本政府に、日豪EPAを背景に日米協議を進めることが問われたのである。

第6節　日米「方程式合意」（2014年4月）

1　重要農産物についての交渉方式＝「方程式合意」

2014年4月24日の日米首脳会談において、日米両国は、日本の農産物重要品目に関する交渉の進め方についての合意＝「方程式合意」に達した。「方程式方式」とは、

① 関税率をどこまで引き下げるか、
② 引き下げにかける期間をどれくらいにするか、
③ セーフガード（緊急輸入制限措置：前年よりも輸入量が一定割合増えた場合、元の高い関税に一時期戻す措置）を設定するか。設定する場合にはどのようにするか、
④ 関税割当（低関税で一定量を輸入する枠組み）を設定するか。設定する場合には、どのようにするか、という国境措置の組み合わせのことである（囲みⅡ-4）。

「関税率だけを話し合ったり先に決めたりせず、他の要素とセットで協議し、一括して決める方式（方程式方式）で、着地点を見出していくことが、日米首脳会談で合意された」[4]のである。

方程式合意は関税撤廃を前提にしていない。有力情報誌 *Inside US Trade*

囲みⅡ-4　方程式合意（日米首脳会談、2014年4月）

・方程式とは以下の国境措置の組み合わせ
　①関税率をどこまで下げるか
　②引き下げにかける期間
　③緊急輸入制限措置（セーフガード：輸入量が前年よりも一定割合増えた場合、元の高い関税に一時期戻す措置）の内容をどうするか
　④関税割当（低関税の下で一定量を輸入する枠組み）。
・関税率だけを話し合ったり先に決めたりせず、他の要素とセットで協議し、一括して決める方式で着地点を探る。

資料：日本農業新聞、2014年5月2日。

によれば、オバマ大統領は、首脳会談以前の時点で、日本側の要請を受け、「全品目の関税撤廃」の要求を下ろすことを日本に伝えていたとされる[5]。

アメリカ政府は、2014年4月の日米首脳会談において「全品目の関税撤廃」という原則論の主張から、"重要品目の関税撤廃を前提にしない"という日本政府の立場を踏まえて交渉を進める方向に一歩踏み出したのである。

ただし、この後も、アメリカ畜産団体の強硬な姿勢（関税撤廃要求）は続いた。

2　方程式合意以降、意味のある国境保護措置の確保が課題に

この方程式合意により、TPP交渉における日本政府の2つの課題－①農産物重要品目を関税撤廃から除外する、②意味のある国境保護措置を確保する－のうち、第1の課題は実現する可能性が生まれたといえよう。

これ以降、日本政府は農産物重要品目について「意味のある国境保護措置を確保する」ための交渉に入っていくことになるわけである。

問題は、以降の交渉において、それが達成されたか。そのためのギリギリの交渉が行われたか、である。それについては、第Ⅳ章「TPP合意・農産物交渉の結果と日本農業」において検討する。

第7節　ルール交渉：難関3分野とアメリカの提案

　TPPルール分野の交渉は21分野にわたっている。その中の難関3分野：薬品知財、国営企業規制、環境についてのアメリカ提案と各国の対応をみておこう。

　TPP交渉については、交渉内容だけでなく交渉提案も公表されていない。アメリカ提案等の内容は、ウイキリークスにおいて示された提案（知財など）、アメリカ議会調査局（CRS）のTPPについてのレポート「TPP交渉と議会にとっての課題」[6]において示されている提案内容、有力情報誌（*Inside US Trade*）および全国紙における交渉についての報道などによっている。

1　バイオ新薬のデータ保護期間

　アメリカの新薬には通常5年間のデータ独占使用期間が付与されている（日本は8年）。その間、他の企業は、新薬開発会社の臨床データを用いて後発薬品（廉価版薬品：いわゆるジェネリクス）を作り、販売することはできない。

　アメリカの製薬会社は、生物学的薬剤（バイオ薬品：がんなどの治療薬として今後の薬品の中心になるといわれる）について12年間の臨床データ保存期間（＝データ独占権期間）を設けるべき、とした。アメリカの健康保険法（2011年）が、生物学的薬剤の臨床データ独占使用期間を12年としたから、それを他国にも適用すべきとしたのである。これまでの5年から一挙に12年に独占使用期間を延ばすのは、新薬（特にバイオ新薬）の開発には巨額の費用がかかるからだとしている。

　アメリカ政府は、2013年11月、期間12年を正式に提案した。

　このアメリカ提案は、他の国々から強い反対を受けてきた。国民医療保険においてジェネリクスを基本的に用いている豪州は「国内法による5年の保護期間を変えることはできない」とし、ベトナムなどの途上国は「ア

メリカ提案では、途上国における廉価版薬剤（ジェネリクス）の発売が大幅に遅れる」と反対してきた。

ハワイ閣僚会合（2015 年 7 月）においても、この問題についての溝は埋まらなかった。

2　国営企業規制

アメリカは、TPP 交渉において「国営企業への規制」提案を行った。アメリカの民間企業が、「国営企業が、国内外において民間企業に対して不公平な利益を得ることがないように規制を設ける必要がある」として、「国営企業への規制＝国営企業への優遇措置の廃止」を通商代表部や議会に要請し、これに通商代表部が応えたのである。

アメリカは、「3-5 年で優遇措置を無くす」提案を行ったとされる。これに、7,500 の国営企業が経済活動の主要部分を担っているベトナムや国営企業が重要な位置を占めているマレーシア、シンガポールが反対した。

しかし、アメリカなどが例外を認めるとしたことにより、「新興国等が例外〈規制の対象外〉にしたい企業のリストを提出する。それを精査する」という方向で協議が進められ、この問題におけるアメリカと途上国間の溝は狭まったのである。

3　環境

アメリカの環境についての提案は、次のようなものであった。
①　野生動植物の不法取引に対して国内法に基づく国内規制を行う。
②　各国は調印した多国間環境協定を順守する。
③　環境問題が 2 国間の紛争処理事項となり、それについての裁定が下った場合、その裁定の実施を拘束的（強制的）なものにする。

拘束的なものとは、裁定内容が実施されない場合には、罰金だけでなく、貿易制裁（報復）を課し得るということである[7]。

この紛争処理裁定の強制執行を含むアメリカの環境提案は、シエラクラブ、WWF（世界野生動植物連合）等のアメリカの環境団体の意向のもとに策定された。

　各国は、この拘束条項が問題としてきた。

　それに対し、環境ワーキング・グループ議長国のカナダが、次のような「相互協議による紛争処理のメカニズム案」[8]を、議長の責任において作成し、着地点を探る試みとして提示した。

　相互協議のメカニズムは、①問題の提起国と相手国による事務レベルでの協議、②それで解決しない場合には、代表委員による上級協議、③それでも処理し得ない場合には、閣僚による協議、④それでも解決し得ない場合に、仲裁機関に委ねる、というもので、仲裁機関による裁定の強制は含んでいない。あくまでも、「協議による解決」のためのメカニズムであった。

　後に見るように、最終合意は、カナダ案とアメリカ案の組み合わせとなるのである。

第8節　アメリカ貿易促進法の成立（2015年6月）－妥結交渉への環境が整う－

　日本を含む交渉参加国は、交渉を妥結させる（各国が重要事項について最終譲許する）には、協定妥結後アメリカ議会が協定を修正することができないように、アメリカにおいて貿易促進法（Trade Promotion Authority: TPA）が成立していなければならないとしてきた。

　前回の貿易促進法は、2002年4月に成立し、2007年4月に期限が切れていた。2015年に入り、貿易促進法の成立が、妥結交渉を行う閣僚会合開催の前提になっていたのである。

　貿易促進法は、憲法上アメリカ議会が保持している国際経済協定についての交渉権を大統領に委ねるとともに、次のような審議－採決方式を国際経済協定に与えるものである。

　「協定締結後、議会下院は、協定についての実施法が議会に提出されてから60日以内に、一括賛成か、一括反対か、を採決しなければならない。上院は、下院採決後、30日内に採決しなければならない。修正提案は一切認められない」（囲みⅡ－5）。

　この方式は、「修正を一切認めない」ことによって、「議会にとって都合の悪いところは削除し、都合のいいところだけ残す」という議会の「つまみ食い」を排除している。

囲みⅡ－5　アメリカ：貿易促進法によるTPPの議会採決手続き

下院歳入委員会：大統領が実施法を送付してから45日内に本会議に報告しなければならない。＝下院で採決しなければならない。
下院本会議：その後15日以内に採決。

上院財政委員会：下院本会議採決後15日以内に採決。
上院本会議：その15日以内に採決。
合計90日以内に採決。

修正は一切認められない。

同時に、下院・上院合わせて 90 日間に審議－採決期間を限定することによって、審議引き延ばしをも封じている。貿易促進法が「一括・迅速審議方式（ファースト・トラック）」とされる所以である。
　これによって、大統領の交渉権を強化しているとともに、妥結内容について議会が修正したり、再交渉を持ち出すことを封じているわけである。
　2015 年 6 月 26 日、オバマ政権と議会共和党の協力で貿易促進法が成立した。こうして、TPP 妥結交渉・そのための閣僚会合開催への条件が整ったのである。

第 9 節　アトランタ閣僚会合における大筋合意の成立（2015 年 10 月）

1　ハワイ閣僚会合（2015 年 7 月）：妥結に至らず

　2015 年 7 月 28−31 日のハワイ・マウイにおける閣僚会合は、交渉の妥結を目指して開催された。

　しかし、バイオ新薬のデータ保護期間についてのアメリカ対豪州・途上国間の対立が続くなかで、酪農品問題で暗雲が立ち込め、自動車・原産地規制問題でメキシコが日米案を拒否した時に、閣僚会合は大筋合意もなく終わった。

（1）自動車原産地規制をめぐる問題

　原産地規制とは、「関税の撤廃−削減を前提に加盟国に輸出するために、その製品の構成品のうちどれくらいを、加盟国内で作ったものにするのか」を規制するルールである。

　日本とアメリカは、完成車とエンジン、変速機などの主要部品について 45％（価額）、その他の部品については 30％の割合で妥結し、それをメキシコ、カナダに提示した。

　メキシコ・カナダも自動車生産国である。メキシコ・カナダで自動車工場を経営しているのは日本とアメリカの自動車メーカーだが、そこで働いているのは現地のメキシコ人、カナダ人である。メキシコは、世界第 4 位の自動車輸出国、第 7 位の同生産国と自負している。

　そのメキシコとカナダは、日米合意を上回る原産地比率を考えていたといわれる。

　メキシコ・カナダの自動車生産が日本とアメリカのメーカーによるものとはいえ、その原産地比率について日米でまず合意し、それをメキシコ・カナダに示すというのは、関係国による協議とは言えない。メキシコ・カナダが、日米の合意内容に強く反発したのは当然であった。

（2）バイオ新薬データ保護期間－12年か、5年か－

　アメリカは、生物学的薬剤（バイオ薬品：がんなどの治療薬として今後の薬品の中心になるといわれる）について、開発会社による12年間の臨床データ独占使用期間を設けるべき、としてきた。その間、他の企業は、新薬開発会社の臨床データを用いて後発薬品（廉価版薬品：いわゆるジェネリクス）を作り、販売することはできない。アメリカ政府は、新薬の開発には多額の開発費がかかるから、新薬の開発を進めて行くには長期のデータ保護期間が必要とする。

　このアメリカ提案に対し、豪州・NZや途上国（ペルー、チリなど）は、新薬のデータ保護期間が長期になれば、廉価版薬剤（ジェネリクス）の販売が大幅に遅れ、薬価の上昇を引き起こすおそれが大きいとして、保護期間：現行の5年を主張し続けてきた。

　ハワイにおける交渉のなかで、データ保護期間についての妥協案＝「基礎期間5年、状況によって3年延長（合計8年）」が出されたが、両者の溝は埋まらなかった。

（3）酪農品問題

　酪農品問題には立場の異なる4カ国－NZ、アメリカ、カナダ、日本－が関係していた。

　NZはアメリカ、カナダ、日本に対する酪農品の輸出国であり、世界で最も競争力が強い。アメリカは、NZに対しては酪農品の輸入国であるが、カナダ・日本に対しては輸出国。カナダは、NZ、アメリカに対しては輸入国、日本に対しては輸出国。

　日本は3カ国すべてに対し輸入国である。

　日本は、7月28日、バターと脱脂粉乳について、TPP加盟国全体に対し、低関税の優先輸入枠を生乳換算で7万トン（国内生産量の0.9％、バターにすると約6,000トン）設定する提案を行った。ただし、NZは、NZ1国で9万トンが必要とし、これでは不十分とした。

この日本提案後、焦点はカナダのオファーに移り、カナダは、「乳製品について、全加盟国を対象とする新しい関税割当枠（低関税での輸入枠）を設定する」提案を行った。その量は公表されなかったが、NZ・アメリカは不十分とした。

　こうして、3分野のいずれにおいても、関係国間の溝が埋まらないまま、ハワイ閣僚会合は終わったのである。

（4）ハワイ閣僚会合からアトランタ閣僚会合へ

　こうしたなかで、9月9－11日と21－22日、自動車関係の4カ国（アメリカ、カナダ、メキシコ、日本）による自動車協議が開催され、その協議に進展が見られたことから、9月30－10月2日アメリカ・アトランタにいて閣僚会合を開催し、合意を目指すことになった。

2　アトランタ閣僚会合における大筋合意
（1）大筋合意への経緯

　9月30日からの閣僚会合を前にした28日の時点で、9月22日から開催されていた首席交渉官会合において「（自動車問題の）議論がかみ合い始めている。ここまで来れば、経験則上、壊れることはない」[9]と日本の交渉筋が述べるところ（妥結に近いところ）に、自動車原産地規制について協議が進んだ。これを受けて、閣僚会合開催後、NZが酪農品について姿勢を軟化させ、日本に歩み寄りの姿勢を示し始めた[10]。

　こうして、難関3分野のうち、自動車、酪農品は妥結に向かって動き出し、残るはバイオ新薬のデータ保護期間の問題になった。それはアメリカ－豪州の協議に委ねられた。両者の協議は、当初10月2日までとされていた閣僚会合の期限を5日まで延長して続けられ、合意に達したわけである。

（2）自動車原産地規制：メキシコ・カナダの意向を取り入れる

　自動車の原産地規制ルール（TPP 参加国のなかで、どの程度生産される必要があるのか、を規制するルール）は、「完成車について 45％、部品について 35－45％」で妥結した。

　日米の合意は「完成車 45％、部品 30％」であったから、妥結内容は、部品についての原産地比率が日米合意を上回るものになった。メキシコとカナダの主たる関心事は、自動車の実態をなす部品－その部品メーカーにはカナダ、メキシコの企業も相当数含まれる－にあったわけである。

　部品の原産地比率は「35－45％」と幅がもたされている。エンジンと変速機という重要部品は 45％とされるが、メキシコは、メキシコにとってのセンシティブ（考慮すべき重要な）部品を、カナダは、カナダにとっての優先部品を 45％に設定するとされる[11]。メキシコとカナダの関心事項が考慮され、自動車原産地規制ルールは合意に達したのである。

（3）バイオ新薬のデータ保護期間：オーストラリアの主張 5 年を取り入れる

　ハワイ閣僚会合において、バイオ新薬のデータ保護期間に関し、8 年とする妥協案が提起された。ハワイでは、これによってもほとんど溝が埋まらなかったが、アトランタにおいてアメリカは 8 年の妥協案に応じるとしたといわれる。

　だが、豪州（およびペルー・チリなど）は「新薬のデータ保護を現行 5 年よりも延長することは薬価の上昇に直結する。国内法による 5 年を延長することはできない」として「期間 8 年」にも反対し、閣僚会合を 2 度にわたり延長して対米協議を続け、「①8 年、または、②5 年プラス（8 年と）同様の効果をもたらし得る他の措置」[12] を確保したのである。

　豪州政府は、「データ保護期間 5 年など薬価行政のすべてが現行通り維持される」との声明を発表している。豪州の現行維持は、徹底した対米交渉を行った結果といえよう。

（4）酪農品：ニュージーランドが軟化

　酪農品問題は、ニュージーランド（以下、NZ）、アメリカ、カナダ、日本4カ国の間の2国間交渉から成り立っている。自動車原産地規制のように4カ国が一堂に会して交渉を行うわけではない。

　日本政府の発表した「TPP農林水産物市場アクセス交渉の結果」によれば、日本が設定する乳製品のTPP枠は、「当初6万トン（生乳換算）→6年目7万トン」となっており、ハワイ閣僚会合中に日本が提案したと報じられた内容とほぼ同じである。

　NZは、強硬姿勢を収め、日本、カナダなどのハワイ閣僚会合における提案を受け入れたのである。NZ政府は、大筋合意後、「TPP合意は小さいが、前に向けての大きな一歩」としている。

第10節　ＴＰＰ合意：オーストラリア・途上国が受け入れられる協定－アジアにおけるアメリカが参加する経済グループの形成－

　2015年10月に大筋合意に達したTPP協定の特徴は、交渉の焦点をなしてきたバイオ新薬のデータ保護期間の合意内容－8年、または、5年プラス（8年と）同等になる他の措置」－に示されるように、豪州・途上国の主張を取り入れ、それに基づいていることである。

　言い換えれば、アメリカが柔軟化し譲歩したのである。(アメリカの柔軟化と譲歩は、バイオ新薬のデータ保護期間だけでなく、他のルール主要分野においてみられるが、それについては、次の第Ⅲ章「3　ルール主要分野」で詳しく述べる)。

　だが、それによって、交渉参加12カ国全体が合意し、協定が成立したのである。

　アメリカが譲歩したということは、協定の内容が、当初の「高い水準の協定」から弱められ、低くなっていることを意味する。それは、TPP協定が、中国への対抗性を弱めていることをも意味する。だが、その結果、協定は成立し、アメリカが参加するアジアにおける経済グループが形成されることになったのである。

注

1) 4カ国の合計人口は2,320万人、同国内総生産は4,000億ドル（世界全体の0.8％、日本の9％、2006年）。
2) I. F. Fergusson & B. Vaughn, The Trans-Pacific Partnership, Congressional Research Service (CRS, 以下CRS), Nov.1, 2010, p.2.
3) 日本農業新聞、2013年3月16日。
4) 日本農業新聞、2014年5月2日。
5) Inside US Trade, 2013, 5/24.
6) CRS, The Trans-Pacific Partnership Negotiations and Issues for Congress, August, 21, 2013.

7) アメリカが、環境と労働について相手国との間で紛争が生じた場合、「その紛争処理裁定を拘束的なものにする」という規定をFTA協定に入れるとしたのは、2007年5月のブッシュ政権と議会民主党の合意に基づく「アメリカ・ペルーFTA協定の修正」からである。
 8) Inside US Trade, 2014, 1/22.
 9) 朝日新聞、2015年9月28日。
10) 日本農業新聞、2015年10月1日。
11) Inside US Trade, 2015, 10/9.
12) The Full Text of TPP, on Medium, Chapter 18 Intellectual Property, p.44.

第Ⅲ章　ＴＰＰ協定：物品の自由化

1　日本以外の 11 カ国の自由化率は 99－100％

前掲表Ⅰ－1（p.6）は、TPP 参加国の関税撤廃率を示す。

これによれば、品目ベースの関税撤廃率が完全 100％の国が 2 つ（シンガポールとブルネイ）、ほぼ 100％の国が 6 カ国（アメリカ、豪州、NZ、チリ、マレーシア、ベトナム）、99％の国が 3 カ国（カナダ、メキシコ、ペルー）である。日本以外の 11 カ国の関税撤廃率は 99％以上であり、極めて高い。

これは、2011 年 11 月の 9 カ国（まだ日本、カナダ、メキシコは入っていない）による TPP 首脳会議における「協定のアウトライン」の「物品の原則自由化」－「商品の市場開放については、WTO 義務を大幅に超える約束と非関税措置の廃止を含む関税の撤廃を措置する」－に沿うものといえる。

当初の TPP 9 カ国は、「物品の原則自由化」という高い目標の下に TPP 交渉を立ち上げ、TPP 11 カ国（当初の 9 カ国＋カナダ、メキシコ）は TPP 協定においてその目標を体現したのである。

2　日本の自由化率は 95％

これに対し、日本の自由化率は 95％である。99－100％の自由化率に比べれば、1 段階低い。

日本は、2013 年 2 月の日米首脳会談において、アメリカとの間で「日本の場合にはいくつかの農産物、アメリカの場合にはいくつかの工業製品にセンシティブ（考慮すべき重要な）品目があることを認め、一方的にすべて

の品目の関税を撤廃することを前もって約束することを求められるものではないことを確認する」としたことにより、2013年7月（TPP交渉が2010年3月に始まってから3年4カ月後）に、TPP交渉に参加したのである。日本の関税撤廃率が、他の国から1段階低い95％にとどまっているのは、その結果である。

3　日本の農産物の関税撤廃率は53％

この点は、農林産物をとれば、より一層明白になる。表Ⅲ－1のように、日本以外のTPP 11カ国の日本の農林水産物に対する関税即時撤廃率は85.1％に及ぶが、日本自身の農林水産物の関税即時撤廃率は52.9％であり、前者の62％にとどまるからである。なお、長期の関税撤廃を含めた農産物の関税撤廃率は、日本を除くTPP 11カ国の平均は98.5％に及ぶが、日本は82.3％にとどまっている。

表Ⅲ－1　TPP参加国：日本の農林水産品に対する関税撤廃等の状況

（単位：％）

国	即時撤廃[1]	2－11年目までに撤廃	12年目以降撤廃	非撤廃（関税割当、関税削減等）
アメリカ	58.7	35.3	5.2	0.8
カナダ	87.4	7.1	0.0	5.4
豪州	99.6	0.4	0.0	0.0
メキシコ	71.7	20.1	4.9	3.4
マレーシア	96.3	1.3	2.1	0.4
シンガポール	100.0	0.0	0.0	0.0
チリ	95.5	2.6	0.0	1.9
ペルー	83.9	10.8	1.9	3.5
NZ	98.1	1.9	0.0	0.0
ベトナム	46.3	49.4	3.6	0.7
ブルネイ	98.8	1.2	0.0	0.0
11カ国平均	85.1	11.8	1.6	1.5
日本農林水産品の関税撤廃等の状況	52.9	25.7	3.7	17.7

注：1）すでに無税のものを含む。
　　2）資料：農林水産省『同上』

4　日本の重要農産物には重大な影響

　だが、このように TPP 協定において日本の関税撤廃率が 11 カ国に比べ相対的に低いということは、TPP 協定が日本の農業にとって重大な影響を与えないものであるのか、といえばそうではない。日本の農地面積の少なさ、それによる 1 農家平均規模の小ささに示される日本農業の構造を踏まえれば、関税撤廃に至らなくとも、TPP 協定における重要農産物の関税の引き下げ（牛肉：38.5％→15 年目 9％、安い豚肉：kg482 円→10 年目 50 円）は、日本農業に重大な影響を及ぼすのである。

第Ⅳ章　ＴＰＰ合意：農産物の交渉結果と日本農業

第1節　日本の交渉姿勢の問題

　安倍政権は「日本の主導による TPP 交渉の締結」を掲げてきた。しかし、日本は交渉を主導する立場にない。ルール分野に関して日本が提案を行っていたとは見られないからである。日本主導は、具体的には、「日米協議の妥結による全体合意の流れの形成」という戦略になった。だが、妥結を急いだ結果、日米協議の過程において、「意味のある国境保護措置の確保」が曖昧になった、とみられる。

　オーストラリア（以下、豪州）が、閣僚会合を2度まで延長させてでも、国益にかかわる事項について徹底した対米交渉を行ったのに対し、日本政府は、すでにハワイ閣僚会合のかなり前の時点で、早々と重要品目についてアメリカと妥結していた。「日米がなるべく早く妥結して全体合意の流れを作る」という戦略からであった。それが、政府発表の「交渉の結果」に示される重要品目についての過大な譲歩を生んだとみられる。

第2節　牛肉と豚肉：意味のある国境保護措置は確保されたか

1　牛肉関税：38.5％から15年目9％に大幅引き下げ

　TPP合意により、牛肉の関税は、協定発効後1年目に現行38.5％から27.5％に10％ポイント引き下げられ、一挙に4分の1削減される。以降、段階的に削減されていき、10年目に20％になり、15年目に9％に引き下げられる（表Ⅳ-1）。9％の水準は、日豪EPAにおける冷凍肉18年目の関税19.5％の半分であり、現行38.5％の4分の1に過ぎない。

　また、15年目のセーフガード（輸入量が一定水準を超えた場合の緊急輸入制限措置）の発動水準72.6万トンは、現行輸入量52万トンを20万トン（40％）も上回る。セーフガードが簡単に発動できる水準ではない。

　輸入牛肉の量的拡大により、輸入牛肉と競合する乳おす牛肉（乳牛のオス子牛を肥育した牛肉）は価格引き下げ圧力を受けて、生産縮小を余儀なくされると共に、その価格低下は牛肉全体に及んでいくと見なければならない。

　これでは、牛肉（乳オス牛肉・和牛との交雑のＦＩ牛肉）にとって、意味のある国境保護措置となりえないであろう。

表Ⅳ-1　TPP大筋合意（2015年10月5日）：牛肉の関税削減とセーフガード

時期	関税	セーフガード	
		発動基準（トン）	戻す関税（％）
1年目	38.5％→27.5％に	59万（現行52万）	38.5
10年目	20％に	69.6万	30
15年目	9％に	73.8万	18

資料：農林水産省「TPP農林水産物市場アクセス交渉の結果」。

2　豚肉関税：キロ482円から10年目50円に
（1）現行の豚肉関税制度

　現行の豚肉についての関税制度＝差額関税制度は、豚肉の輸入価格によ

表Ⅳ-2　現行の豚肉関税制度（差額関税制度[1])

輸入価格	関税	総輸入価格 （輸入価格＋関税）
524円（基準価格）＜輸入価格	4.3%	輸入価格： 700円の場合　730円。
65円＜輸入価格＜524円	547円（524円×1.043）－輸入価格	輸入価格： 300円の場合　547円。
輸入価格＜65円	一律482円	輸入価格： 50円の場合　532円。

注：1) 1kgあたり524円（関税込み547円）以下では、国内に入りえない。

り、3つの部分からなっている（表Ⅳ-2）。

① 輸入価格が基準価格(1kg 524円)よりも高い場合には4.3％の関税(従価税)が課せられる。基準価格は国産品の流通価格を参考に決められ、現在1kg 524円。

② 輸入価格が524円（基準価格）以下、65円以上の場合には、基準輸入価格547円（基準価格524円＋524円×4.3％）と輸入価格の差が関税となる。安い豚肉ほど高い関税がかかることになる。

③ 輸入価格が1kg 65円以下の場合、一律1kg 482円（基準輸入価格547円－65円）の関税（従量税）がかかる。差額関税制度は、②と③の部分である。

（2）安い豚肉の関税：大幅引き下げ

1kg 65円以下の安い豚肉の関税は、1年目に現行482円の4分の1の125円に、5年目に7分の1の70円に、10年目に約10分の1の50円に引き下げられる。さらに、12年目にはセーフガードも廃止される（表Ⅳ-3）。

（3）高い豚肉の関税：10年目に撤廃

高い豚肉の関税（現行4.3％）は、1年目に2.2％に引き下げられ、以降、段階的に引き下げて10年目に撤廃される。12年目にはセーフガードも廃止される（表Ⅳ-4）。

表Ⅳ-3　TPP大筋合意（2015年10月5日）：安い豚肉[1)]の関税削減とセーフガード

時期	関税	セーフガード	
		発動基準	戻す関税
1年目	現行482円→125円に	設けず	
5年目	70円に	輸入量＞9万トン	100円に
10年目	50円に	輸入量＞15万トン	70円に
12年目		セーフガードを廃止	

資料：表Ⅳ-1と同じ。
注：1) 輸入価格＜65円/kg。

表Ⅳ-4　TPP大筋合意（2015年10月5日）：高い豚肉の関税削減とセーフガード

時期	関税	セーフガード	
		発動基準[1)]	戻す関税
1年目	現行4.3％→2.2％へ		
1-2年目	段階的に引き下げ	基準の112％	4％
3-6年目	〃	基準の116％	4年目　3.4％
7-11年目	〃	基準の119％	7年目　2.8％
10年目	0％に		2.2％
12年目		なくす	なし

資料：表Ⅳ-1と同じ。
注：1) 過去3年のうちで最も多い輸入量。

3　農水省の影響評価

　これについて、農水省は「豚肉については、分岐点価格（1kg 524円）での輸入関税額が22.5円で最も低いので、高い部位と安い部位を組み合わせるコンビネーション輸入が引き続き行われ、当面、輸入の急増は見込みがたい。他方、長期的には、従量税の引き下げに伴って、低価格部位の一部がコンビネーションによらずに輸入される可能性は否定できず、国内産の豚肉の価格下落も懸念される」[1)]としている。

4　養豚団体の見方

　日本養豚協会・志澤勝会長は、「豚肉の従量税を1kg 50円とした場合、米国産の低価格部位は課税後350円程度で輸入され、国産相場（目下、600円前後）も同水準まで暴落する。再生産可能な価格を下回り、国内の養豚

生産者はわずかしか生き残れない」[2] としてきた。

　関税が 1kg 50 円に近い 70 円になるのは、5 年後である（前掲表Ⅳ-3）。それは、近い将来であって、長期の先のことではない。

　この牛肉・豚肉の「交渉結果」を見た生産者は、施設の更新＝事業の継続を考える際、先行きの展望の暗さから、継続を断念する事態が少なからず起こると考えられる。牛肉・豚肉についての「交渉結果」は重大な問題をはらんでいると言わざるをえない。

5　政府ＴＰＰ政策大綱における牛肉と豚肉
（1）現行の畜産経営安定対策

　牛肉については肉用肥育牛経営安定対策事業（新マルキン）、豚肉については養豚経営安定対策事業がある。いずれも、生産者も資金を拠出すること（牛肉は生産者 1：国 3、豚肉は生産者 1：国 1）を前提に、平均生産費を保障の基準とし、平均販売額（粗収益）が平均生産費を下回った場合に、その差の 8 割が補填される。

（2）牛・豚肉の政府対策と一層の充実の課題

　2015 年 11 月下旬に発表した政府・TPP 対策大綱において、肉用牛と養豚について「粗収益と生産コストの差についての補填を 8 割から 9 割にする」、その基金への拠出金について、養豚の「生産者 1：国 1」を、肉用牛と同じ「生産者 1：国 3」とする、とした。補填水準を引き上げるとしたこと、養豚生産者の拠出金を肉用牛並みとしたことは、評価しうる。

　ただし、生産者が基金の 4 分の 1 の拠出金を払うことを前提にすれば、実質的な補填水準は、差の約 3 分の 2＝67.5％（90％×0.75）にとどまることが留意される必要がある（囲みⅣ－1）。差の 10 割補填が、なお、課題として残っているのである。

囲みⅣ-1　TPP関連政策大綱:肉用肥育牛と養豚・経営安定対策の実質補填率

補填率:　粗収益(販売額)と生産費の差の9割を補填する。
生産者の拠出金:養豚・肉用牛ともに、生産者1:国3とする。生産者は4分の1を拠出。
実質補填率:$0.9 \times 0.75 = 0.675 = 67.5\%$。

第3節　ＴＰＰ合意により価格下落に直面するコメと麦

　TPP 大筋合意において、コメ・麦については、次のようになった。

1　コメ：7.8万トンの新たな輸入枠を設定

　アメリカに対し当初 5 万トン→13 年目 7 万トンの売買同時入札方式（SBS）による新たな輸入枠を設ける。

　売買同時入札というのは、輸出業者による輸出価格（および輸出量）とその買い入れ先である国内輸入業者による買い入れ価格（輸入価格）が、共に入札用紙に記載されて、入札が行われるもの。その差額が大きいものから落札されていくという方式である。

　豪州に対し、同じく 0.6→0.84 万トンの SBS 輸入枠を設ける（囲みⅣ-2）。

　これとは別に、現行の WTO 枠（ミニマム・アクセス）77 万トンの内訳の変更を行い、中粒・加工用に限定した SBS 方式 6 万トン（事実上のアメリカ向け）を設定する。

　日本は当初、「5 万トンの対米枠、TPP 加盟国全体で 10 万トンが限度」とする立場でアメリカに対峙し交渉していたとされる。WTO 枠を別とすれば、政府は、当初の立場からさらに 2 万トンをアメリカに対して上積みしたことになる。

　コメについての最終交渉は、閣僚会合の最終日にわずか「20 分で終わっ

囲みⅣ-2　TPP 大筋合意（2015 年 10 月 5 日）：コメ

・国別輸入枠（SBS 米）の設定
　（1）アメリカ枠　　5 万トン（当初 3 年）→7 万トン（13 年目）
　（2）豪州枠　　　0.6 万トン（同上）　　→0.84 万トン（同上）
・WTO 枠（ミニマム・アクセス）の内訳を変更
　中粒種・加工用に 6 万トンを設定。事実上のアメリカ向け

資料：表Ⅳ-1 と同じ。

た」と報じられている³)。2万トンの上積みが、安易に行われたのではないか、という懸念が消えない。

2　小麦：マークアップ（関税）を45％削減

小麦について、当初19.2万トン→7年目以降25.3万トンのSBS方式の輸入枠（アメリカ15万トン、カナダ5.3万トン、豪州5万トン）を新設する。

ただし、農水省の説明文書によれば、「この新たな枠を通じた輸入は、既存の枠（WTO枠）を通じて現在輸入されているもの（2013年度485万トン）の一部が置き換わることが基本で、国産小麦に置き換わるものではない」とされる。既存の枠の一部を国別のSBS方式の輸入枠に代えるということである（囲みⅣ-3）。

政府が輸入小麦から徴収している差益（マークアップ：現在1kgあたり約17円。60kg約1,000円）を9年目までに45％削減する。新設のTPP枠についても削減された同じ水準とする。

政府の徴収する差益（マークアップ）は関税と同じである。小麦については9年後に差益（関税）が45％削減され、輸入小麦の価格（輸入価格＋差益）は約2割近く低下すると予測される。

囲みⅣ-3　TPP大筋合意（2015年10月5日）：小麦

(1) 小麦
・TPP輸入枠（SBS方式）の新設：当初19.2万トン→（7年目以降）25.3万トン
・政府が徴収している差益（マークアップ：現在1kgあたり約17円）を9年目までに45％削減。新設のTPP枠についても同じ水準とする。

(2) 大麦
・TPP輸入枠（SBS方式）の新設：当初2.5万トン→（9年目以降）6.5万トン。
・差益の取り扱いは小麦と同じ。

資料：表Ⅳ-1と同じ。

3　政府：コメ・輸入枠輸入量と同量の備蓄拡大

　政府は「新たな輸入枠 7 万トンと同量のコメを買い上げて備蓄米にする。それによって、輸入増による国内米価の低下を防ぐ」とする。

4　必要な経営安定対策の拡充

　しかし、それだけでは不十分である。SBS 米は日本の外食産業などに直接輸入されるのであって、仮に、同じ量の主食用米が買い上げられたとしても、低価格米の価格を押し下げ、それが一定範囲に波及する事態を排除できないからである。

　他方、小麦については、差益（関税）が削減されれば、それに伴い輸入小麦の価格が低下し、そこから国内小麦への価格引き下げ圧力が発生することは明白である。

　コメと小麦を含めた経営安定対策の拡充が必要とされているといえよう。

5　現行のコメ・小麦の経営安定対策

　現行の収入減少影響緩和対策（いわゆるナラシ）は、農家の生産する主要な作物（コメ、麦、大豆、甜菜、原料用馬鈴薯）全体の収入に着目した政策であり、コメだけでなく麦も対象になっている。

　この収入減少緩和対策の基準は、「過去 5 年間のうち最低と最高を除く 3 年間」の都道府県平均収入。それと各経営体の収入の差額を合算・相殺し、その減収額の 9 割を補填する。

　資金は、政府 3：生産者 1 の割合で拠出する。対象者は認定農業者、集落営農、認定就農者。

　ちなみに、今（2015）年度の参加農家数は 25.2 万戸（個人 10 万戸、法人 0.7 万、集落営農 4,500 の構成農家 14.5 万戸の合計）であり、販売農家 141.2 万の 18％にとどまる。その参加面積はコメ 55 万 ha（主食用米・作付面積 147 万 ha の 37％）、麦 24.2 万 ha（麦作付面積の 90％）である。

6　問われる経営安定対策・拡充の方向

　TPPによるコメ輸入枠の拡大と小麦差益（関税）の削減によって予想される米価・麦価の下落に対し、現行経営安定対策について次のような拡充が検討される必要がある。

① 経営安定対策（収入減少影響緩和対策）において補填の基準となっている基準価格を、市場価格の過去5年中庸3年平均から、生産費の一定水準に固定する。

　基準価格を過去の市場価格の平均にしておくと、市場価格の低下に伴い、基準価格自体も低下し、経営安定対策としての有効性に欠けることになるからである。

② 基準収入と当年の収入の差の9割補填を10割補填とする。アメリカにおいては、差の10割補填が一貫して原則となっている。価格の下落について、生産者には、一切責任がないからである。

③ 対象者を現行の「認定農業者＋集落営農」から、拠出金を支払う意思のある者に広げる。

　拠出金を払う意思のある者は、認定農業者でなくとも、経営意欲のある農業者とみなしうるからである。また、これによって、経営安定対策への加入者が販売農家全体の18％に過ぎないという事態も打開しうるからである。

第4節　乳製品：新たな輸入枠7万トンの設定と国内生産増の課題

1　新たな輸入枠7万トンの設定

　乳製品（脱脂粉乳とバター）について、当初6万トン（生乳換算：脱脂粉乳・バターともに3,200トン）→6年目から7万トン（同：ともに3,700トン）のTPP輸入枠を設ける（囲みⅣ－4）。7万トンは我が国牛乳生産量733万トンの約1％にあたる。WTO協定の下で13.7万トンの輸入枠を設定しているから、輸入枠の合計は20.7万トン、国内生産の2.8％になる。

　政府は、新設するTPP枠7万トンは、「最近の国内需要の不足分を補う追加輸入量（2014・15年平均17.2万トン）の範囲内である」[4]としている。

　だが、「追加輸入の範囲であるから、国内の牛乳生産にマイナスの影響を与えるものではない」と考えているとしたならば、それは問題である。我が国の牛乳生産は、この10年間ほぼ一貫して減り続け、そのなかで店頭においてバターが品薄になるという事態が発生し、追加輸入が行われた。

　追加輸入は、本来、国産牛乳で賄われるべきものであるという基本的問題を曖昧にさせるからである。

2　国内生産増の課題

　大筋合意に基づく輸入枠7万トンの設定に対応するには、国内牛乳生産

囲みⅣ－4　TPP大筋合意（2015年10月5日）：乳製品・輸入枠の設定

```
・脱脂粉乳（生乳換算）    2万659トン→ 2万4,102トン（6年目）
　　　　　（製品）　　　　（3,188トン）→（3,719トン）
・バター　（生乳換算）    3万9,341トン→ 4万5,898トン（6年目）
　　　　　（製品）　　　　（3,188トン）→（3,719トン）
・合計　　（生乳換算）        6万トン → 7万トン[1]
```
資料：表Ⅳ－1と同じ。
　注：1) 2014年度の生産量733万トンの0.95％。

の減少が止まらないという我が国牛乳生産の基本問題に対処すること、そのための酪農政策（酪農経営安定対策）の構築が必要である。

　そのためには、①加工原料乳生産者補給金（2015 年度予算 311 億円）、②加工原料乳生産者経営安定対策事業（補助金なし）、③畜産収益力強化対策（同 156 億円）などの酪農政策は、「酪農の経営の安定化により生産数量を維持・拡大」する目的を達成する政策として機能していないことを真正面から認識する必要がある。そのうえにたって、国内での牛乳生産の維持・回復のために、どのような政策が必要であるのか。それについての農業関係者の全力を挙げた対応が求められている。

第5節　農産物・関税撤廃品目

　これまで、我が国では、834細目（タリフライン）が関税を保持していた。今回の大筋合意において、324細目の関税が撤廃される。その大部分が農産物とされる[5]。その結果、日本の自由化率（関税撤廃細目の割合）は95％に達するという。

　農産物の主な関税撤廃品目は、オレンジ（6年目、8年目）、トマト加工品（6−11年目）、落花生（枠内：即時、枠外：8年目）などである（表Ⅳ−5）。いずれも、国内生産に対する輸入量・TPP諸国輸入量の割合が高いから、国内生産に対する打撃の発生は必至とみられる。

　これらの品目についても、経営安定対策の拡充が不可欠である。

表Ⅳ−5　TPP大筋合意（2015年10月5日）：農産物の関税撤廃品目

品目	現在の関税	関税撤廃時期	国内生産量	輸入量	うちTPP諸国
オレンジ	16％、32％	6年目、8年目	86万トン[1]	12万トン	11万トン
リンゴ果汁	19.1％	8−11年目	1.5万トン	8.4万トン	0.8万トン
ソーセージ	10−20％	6年目			
鶏肉	8.5％、11.9％	6年目、11年目	147万トン	44.2万トン	2.6万トン
トマト加工品	16％、17-29.8％	6-11年目	30万トン	12万トン	11万トン
落花生	枠内：10％ 枠外：617円kg	枠内：即時 枠外：8年目	1.7万トン	2.7万トン	0.9万トン

資料：農水産省、「TPP交渉　農林水産分野の大筋合意の概要」、2015年10月。
注：1）温習みかん。

注
1) 農林水産省「品目別の農林水産物への影響について（総括表）」、2015年11月、p.2.
2) 日本経済新聞、2015年7月24日。
3) 日本農業新聞、2015年10月7日。
4) 農水省「TPP農林水産物市場アクセス交渉の結果」11頁。
5) 日本経済新聞、2015年10月9日。

第Ⅴ章　ＴＰＰルール主要分野の協定
－各国の重要事項に配慮－

第1節　知的財産権（知財）

1　薬品知財：バイオ新薬のデータ保護期間、豪州等の主張を取り入れる

　TPP交渉は、日本にとっては、「農産物重要5品目の聖域の確保を最優先する」という国会決議により、重要品目を関税撤廃から外し、意味のある国境保護措置を確保することが中心課題となった。

　だが、TPP交渉全体では、バイオ新薬の臨床データ保護期間を何年にするかが、最大の焦点になった。

　バイオ薬品（生物学的薬剤：ワクチン、抗体、血清など）は、HIV（エイズ）治療に広く用いられており、ガン治療など今後の医薬品の軸になるとされる。エイズ治療に用いられているのは、廉価な後発薬剤（ジェネリクス）である。

（1）アメリカの提案

　アメリカの新薬には、通常、新薬の開発会社に5年間のデータ独占使用期間が付与されている（日本は8年）。特許期間20年にデータ保護期間を加えた間（アメリカならば25年間、日本ならば28年間）、他の製薬会社は、新薬開発会社の臨床データを用いて後発薬剤を作り販売することはできない。

アメリカの製薬会社は、巨額の開発費がかかるバイオ新薬を後発会社から守るにはデータ保護期間5年では不十分とし、データ保護期間12年を主張してきた。アメリカの健康保険法（2011年）が生物学的薬剤の臨床データ独占使用期間を12年としたことから、それを他国にも適用すべきとしたのである。これまでの5年から一挙に2.4倍の12年に延ばすという提案であった。アメリカ政府は、2013年11月に、それを正式に提案したのである。

（2）オーストラリア等の立場

オーストラリア（以下、豪州）・チリやペルーなどの途上国は、それでは薬価の高騰を招くとして現行国内法の5年を主張してきた。

豪州やニュージーランド（以下、NZ）は、国民健康保険制度において、薬品は国家が製薬会社から買い上げて国民に支給しているから、価格の低い後発薬剤をできる限り用いることを大前提にしている。また、チリや途上国にとっては、HIVなどに用いられる安いバイオ後発薬剤は、極めて重要なものだからである。

（3）TPP協定：オーストラリア等の意向を取り入れ、両者の中間を取る

TPP協定は、バイオ新薬のデータ保護期間について、豪州や途上国の主張を取り入れ、アメリカ（12年）と豪州等（5年）の中間の「8年、または、5年プラス（8年と同等になる）他の措置」とした[1]。豪州やチリは「現行薬剤行政のすべてが現行通り（国内法：5年で）維持される」としている。バイオ新薬のデータ保護期間は、豪州・途上国の主張を含む形で合意されたといえる。

（4）アメリカ議会・共和党の反対

アメリカにおいて、オバマ政権は、このTPP協定の批准を議会に求めようとしているわけである。

これに対し、議会で多数を占める共和党は、TPP 協定の中のバイオ新薬のデータ保護期間＝「8 年、または 5 年プラス（8 年と同等になる）他の措置」は、「不十分である」とし、それに強く反対し、12 年とするように要求している。その解決が批准の条件としているのである。

（5）アメリカ政府と共和党との協議
　議会の多数を占める共和党の賛成が無ければ、TPP 協定の批准はあり得ない。そこから、オバマ政権・フロマン通商代表は、2016 年 3 月以降、バイオ新薬のデータ保護期間についての共和党の要求を措置することを目標とする協議を共和党との間において行っている[2]。
　だが、2016 年 10 月現在、通商代表部と共和党との間の協議は、必ずしも順調に進んでいるわけではない。
　豪州政府の新貿易大臣は、2016 年 3 月のワシントン訪問時にフロマン代表に対し「バイオ新薬についてのいかなる変更にも反対」と繰り返している。バイオ新薬のデータ保護期間：8 年について、それを 12 年とすることは、豪州などの相手国との交渉・合意を必要とする以上、容易ではないのである。

2　著作権：著者の死後 70 年に
（1）アメリカの提案と途上国の態度
　アメリカは、著作権の期間を著者の死後 70 年にすべき、と提案した。現在、著作権期間が 70 年であるのは、アメリカ、豪州、チリ、ペルー、シンガポール。日本、カナダ、ベトナム、マレーシア、ブルネイ、NZ は 50 年である。
　マレーシアやベトナム・ブルネイなどのアジア途上国は、教育・知識の普及にとって好ましくないとして 70 年に反対してきた。

（2）合意の内容

　合意した協定は、アメリカ提案に基づき、著作権の期間を著者の死後70年とした[3]。

　ただし、「批判、コメント、ニュース報道、教育、学術、研究などの正当な目的に十分な配慮を与え、制限や例外などの手段で、著作権とその他の権利との間において、適切なバランスを作り出すように努める」[4]ことを、認めている。

　この条項は、教育などについては、70年以下の短縮された期間が適用され得ることを示しているとみられる。アメリカの主張で70年となったが、現行50年の国（日本を含む）は、以上の教育等の分野で、50年を維持しうる、ということであろう。ここにも、途上国にとっての重要事項への考慮がみられる。

3　デジタル分野を含む企業秘密の窃盗に対し刑事罰を科す[5]

　TPP知財協定は、サイバー分野を含む企業秘密の窃盗に対し刑事罰を含む刑事手続きを規定している。

　これによってTPPは、コンピュータ分野を含む企業秘密の窃盗について刑事罰を規定した初めての経済連携協定になった。

　WTOでは、「知財についての強制執行は、デジタル分野の知財には及ばない」とする国が存在している。したがって、全会一致のコンセンサスを前提にするWTOでは、デジタル分野知財への強制執行は合意されていない。TPPが、デジタル分野を含む企業秘密の窃盗に対する刑事罰の適用を行う最初の国際協定になったのである。

　また、国営企業も刑事罰の例外としない、としている。これは、中国を念頭に置いているもの、である。

　この規定の背景には、アジア太平洋地域では企業秘密のサイバー窃盗が急拡大しており、海賊品の比率が高く、模造品製造の温床地となっている事態がある、とされる（アメリカ通商代表部）。

4　知財協定の評価

　知財協定の新分野：デジタル分野についての知財権の保護は、アメリカの要請であるが、デジタル分野の知財権保護はアメリカだけの問題ではない。日本をはじめ、TPP参加国全体に共通する事項であり、その導入は意味がある。また、それは、WTO にはないものである。だから、それについては、交渉において議論になっていない。

　議論になってきたのは、バイオ新薬のデータ保護期間と著作権の期間（70年か、50年か）である。

　著作権の期間は、アメリカの主張する70年となったが、同時に、「例外、制限措置」が含まれ、教育などに関しては、70年以外（50年）が可能になる条項になっている。70年に反対した国の必要がカバーされる形になったとみられる。

　バイオ新薬のデータ保護期間の問題－12年（アメリカ）か、5年（豪州・途上国）か－は交渉全体の中で、もっとも大きな問題となったが、「8年、または、5年プラス（8年と同等となる）その他の措置」（5年で対応しうる）で妥結した。この問題の妥結により、TPP交渉は大筋合意に至り、協定が成立したのである。

注

1) Tans-Pacific Partnership, Chapter 18 Intellectual Property, Article18,52.
2) Inside Us Trade 2016,4/5
3) TPP, ibid. Article18, 63.
4) Ibid. Article18, 66.
5) Ibid. Article18, 71.

第2節　国営企業（規制）：例外をベトナム・マレーシアに認める

1　背景と交渉の経過

アメリカは、このTPP交渉において「国営企業への規制」提案を行なった。

アメリカの民間企業が、「国営企業が、国内外において民間企業に対して不公平な利益を得ることがないように規制を設ける必要がある」として、「国営企業への規制＝国営企業への優遇措置の廃止」を通商代表部や議会に要請し、これに通商代表部が応えたのである。

アメリカは、「3-5年で優遇措置をなくす」提案を行ったとされる。

これに、途上国が反発してきた。旧社会主義国のベトナムは、7,500の国営企業が経済活動の主要部分を担っており、国営企業はGDPの4割を占める。また、マレーシア、シンガポールにおいても、国営企業は重要な位置を占めているからである。

交渉は難航したが、「ベトナム・マレーシア等が例外〈規制の対象外〉にしたい国営企業のリストを提出する。それを精査する」という方向に転じて交渉が進展し、妥結に至った。

2　協定のポイント[1]

協定のポイントは以下の点である。

① 国営企業は、商業的な考慮に基づいて、購入・販売の商業的活動を行う。そうすることが、公共サービスの提供と一致しない場合以外は、民間企業や他国の商品・サービスを差別しないことを約束する。

「国営企業は商業的な考慮に基づいて、購入・販売の商業活動を行う」―この点の明確化が、この国営企業協定のポイントをなしている。

② 外国所有の国営企業は、差別的な規制や補助金、あるいは優遇措置に基づいて競争するのではなく、質と価格に基づき競争する。

（1）に基づいて、外国所有の国営企業の在り方も、「質と価格に基づき競争する」ものとする。
③　TPP 諸国で活動する外国・国営企業が、その商業的活動について、単に国家の企業であるということを主張することによって、法的措置を免れることはできない。
④　同時に、加盟諸国は、国営企業と民間企業の両方を規制する政府機関が、公平な方法で両者を規制し、国営企業に優遇措置を与えるような形で規制権限を用いることがないようにする。
　　ここでは、国の規制が、国営企業に優遇措置を与えるものであってはならないとされる。
⑤　国営企業に非商業的支援を与える際、TPP 諸国は、他の TPP 諸国の利益にマイナスの影響を与えないことに同意する。これは、他国の領土において商品を作り販売する国営企業に対し、非商業的支援を与えることによって、他国の国内産業に損害をもたらすことをしない、という約束を含む。

3　特徴

　国営企業を規制する協定は、WTO 協定には存在しない。これは、国営企業の商業的活動を包括的に扱う初めての協定である。
　この協定は、アメリカの提案の下に、アジア太平洋において新しい方向を示すものとして、すなわち、強く中国を意識して策定されたのである。
　2000 年のフォーチュン誌「グローバル 50」には、1 つの国営企業しか存在しなかった。
　しかし、そこには現在 12 の国営企業が存在し、それらはすべて中国国営企業である。その国際活動が、（中国）政府の影響、貿易の歪み、不公正な競争についての、アメリカ政府とアメリカ民間企業の懸念を高めてきたのである[2]。そこから、この協定は生まれたといえる。
　同時に、国営企業が重要な位置を占めるベトナムとマレーシアの国営企

業に、以下のような広範な例外措置を認めている。それによって、両国の合意が得られたものとみられる。

4　マレーシアとベトナムにおける例外措置
（1）ベトナム[3]
① ベトナムのすべての国営企業と同種の独占組織は、<u>規制された価格、量</u>などで、商品を売り、購買しうる。

　ベトナムの国営企業には、「商業的な考慮にもとづいて、購入・販売の商業活動を行う」原則に対する例外が認めえられたのである。

　また、

② ベトナムのオイル-ガス国営企業は、オイル・ガスの開発等において、ベトナム企業に、商品の購入・販売において、優遇措置を与えうる。

③ ベトナムの国営電力企業は、水力・原子力発電における商品とサービスの購入において、（ベトナムの企業に対し）差別的扱いをしてもよい。

④ ベトナム開発銀行は、ベトナム農業・農村銀行、協同組合銀行に対し、ベトナム人とベトナム企業に、優遇措置を与えてもよい、とされた。

　ベトナムの国営企業・同種の独占企業に対し、広範な例外措置と優遇措置の付与権が認められたのである。

（2）マレーシア

「すべての国営企業と同種の独占組織は、マレーシアにおける商品とサービスの購入において、原住民（ブミプトラ）企業に優遇措置を与えうる」[4]、とされた。

これは、ブミトラ・アファーマテイブ・アクション－原住民（ブミプトラ）企業に優遇措置、支援、便益を与えうる措置－による。

注

1) Trans-Pacific Partnership, Chapter 17 State-Owned Enterprise.
2) USTR, Summary of TPP, Chapter 17.
3) TPP, Chapter17, ANNEX Ⅳ Schedule of Vietnam.
4) Ibid. Schedule of Malaysia

第3節　政府調達：マレーシア・原住民企業への優遇政策を維持

前章の「マレーシアの国営企業における例外措置＝原住民企業への優遇措置」に関連し、マレーシアの政府調達における原住民企業への優遇措置にふれておこう。

1　原住民優遇政策

これまで、マレーシアにおいては、ブミプトラ（原住民：マレー人）に対する優遇政策が行われてきた。マレーシアでは、原住民＝マレー人が多数であり、経済力のある中華系は少数である。

現在、マレーシア政府は、ブミプトラ（マレー人・同企業）供給者に対し、基準以下での契約を一定量用意したり、価格優遇措置を与えたりしている。これは、マレーシア憲法153条の「原住民に特別な扱いが必要」であり、「マレーシア政府は、マレー人の特別な立場を守なければならない」とする規定に基づいているといわれる。

このブミプトラへの優遇政策の維持が、2008年に米－マレーシア FTA 交渉が中断に陥った理由であった。アメリカは、その廃止－削減を求め、マレーシアはそれに応じなかったのである。

2　TPP協定における優遇政策の修正

TPP交渉において、アメリカとマレーシアは、マレーシア政府が原住民企業への価格優遇措置を修正する、という方向で妥結したのである。

すなわち、

① 原住民自からが製造したものについては、その規模の小さい企業に対し、その規模により、10％、5％、3％の価格優遇措置を与える。
② TPP諸国に由来する製品とサービスについては、(同) 7％、5％、3％の優遇措置を与える。

③ TPP以外からのものについては、(同) 3.5％、2.5％。1.5％の価格優遇措置を与える、としたのである[1]。

3　マレーシアの参加したＴＰＰの成立

「マレーシアは原住民企業への価格優遇措置を縮小する→その縮小された優遇措置をアメリカは認める」－これによって、アメリカとマレーシアは、懸案のマレーシアの政府調達における原住民企業への優遇政策について合意したのである。また、それによって、マレーシアは TPP にとどまり、TPP は 12 カ国の参加する協定として成立したのである。

注
1) Inside US Trade, 2015,12/1.

第4節　投資家対国家の紛争処理（ＩＳＤＳ）：タバコ規制を除外

アメリカの投資についての TPP 提案は、以下の「投資家対国家の紛争処理（ISDS）」の規定を含んでいた。

1　「投資家対国家の紛争処理」とは何か

「投資家対国家の紛争処理」は、「投資家が、投資先の国に投資協定に違反する行為があると考えた場合、投資先の国の裁判所を経ることなく、直ちに国際的な紛争処理手続き（国際投資紛争解決センター）に訴えることが可能になる」というもの、である。

国際投資紛争解決センターの審理で、相手国政府が投資家に損害を与えている、あるいは、与えることが予測されると判断されれば、相手国政府は賠償支払いの義務を負う。

元々は、1960 年代に、法制度が未整備な途上国の政府による企業資産の接収に対する対抗措置として生まれた。その後、間接収用（予測利益が生まれえないこと）に対しても用いられてきた。本国の裁判所を飛び超えて直ちに国際紛争処理機構に行くことが、主権に関わる問題になりうるとされる。

2　国際投資紛争解決センター

国際仲裁機関には、国際商工会議所（ICC）と国際投資紛争解決センター（ICSID：世銀）の2つがある。国際商工会議所はビジネス活動全般についての紛争仲裁に当たり、国際投資紛争解決センターは投資をめぐる紛争の仲裁に当たる。

国際投資紛争解決センターは 1966 年に発足。世界銀行の一部をなしている。

同センターの仲裁と調停には、投資家と投資受け入れ国の双方の同意を必要とする。いったん両者が仲裁に同意すると、それ以降は、一方的に手

続きを停止することはできない。仲裁手続きは拘束力を持ったものとなる。
　ちなみに、同センターの扱った仲裁の件数は、2012 年 50 件、2011 年 38 件。2003－2012 年平均で 30 件/年となっている[1]。

3　ＴＰＰ投資協定における「投資家対国家の紛争処理」についての規定

　TPP 協定は、「投資家対国家の紛争処理」について、新たな規定を導入した。すなわち、「国家は、公共利益－公衆衛生、公衆の安全、金融安定、環境を守ることを含む－を規制する権利を持つこと」を明確にし、国家のそれらの行動は、投資家による訴訟の対象にならない」[2] とした。
　そして、たばこ規制措置について、「各国政府は、投資家が ISDS に持ち込むことを拒否しうる」[3] とした。
　また、「政府が投資家の期待－例えば、一定の利益を得る期待－を不安がらせているというだけでは、投資協定の基準を侵害したとすることはできない」、あるいは、「補助や贈与が出されていない、あるいは、削減されているという事実だけでは、侵害に当たらない」[4] とした。
　TPP 協定は、投資家による「投資家対国家の紛争処理」メカニズムの乱用に対する歯止めを、それなりにかけようとしているのである。
　これについて、「実際には、今までとあまり違うことにはならない」という見方もあるが、以上が明文化されたことの意味は小さくはない、と考えられる。その具体的な表れが、次に見る豪州政府によるたばこ規制措置の ISDS からの除外表明である。

4　オーストラリア：ＴＰＰ協定に基づき、ＩＳＤＳからタバコ規制を除外

（1）オーストラリアのタバコ規制
　2011 年 12 月 1 日、豪州において「タバコ・プレーン（簡素）・パッケージング法」が発効した。

これによって、タバコ包装紙には、健康への警告、毒性物の表示と限られたサイズの中での会社名の印刷だけが認められることになった。会社の商標は表示しえず、色は淡褐色（この色は、喫煙に対しネガティブに作用）のみが認められた。まさに、タバコについての「簡素」な表示を義務付けるものであった。

（2）フィリップモリスによる「投資家対国家の紛争処理（ISDS）」への提訴

この豪州の「タバコ・プレーン・パッケージング法」は、タバコ会社：フリップモリスによって、ISDSメカニズムに持ち込まれた。

しかし、TPP協定成立（2015年10月5日）後の12月15日、ISDSは、手続き上の問題で、フィリップモリスの訴えを棄却した。これは、オーストラリア政府の勝利を意味したとされる。ただし、裁決の内容は、いまだ公開されていない。

（3）オーストラリア政府：TPP協定に基づき、タバコ規制をISDSから除外

豪州のターンバル首相は、2016年2月9日、「TPP協定に基づき、豪州のタバコ規制措置がISDSにかけられることを拒否する」と議会に通告し、その内容を TPP 協定ともに、議会に送付した [5]。こうした形で、豪州のTTP協定批准プロセスが始まっているのである。

注

1) ICSID, 2015, Annual Report, p.21.
2) TPP, Chapt.9, Investments, p.18.
3) TPP, Chapt.29, Exceptions and General Provisions, p.5.
4) TPP, Chapt.9, p.8.
5) Inside US Trade, 2016,2/19.

第5節　環境：アメリカ提案にカナダ提案を加え合意

　国営企業規制とともに、環境・労働も WTO 協定には存在しない分野であり、新たに、アメリカが提案した分野である。

1　アメリカの提案と各国の反応
　アメリカの環境についての提案のポイントは、次のようなものであった。
① 　野生動植物の不法取引に対して国内法に基づく国内規制を行う。
② 　調印した多国間環境協定を順守することを各国に課す。
③ 　さらに、環境問題が紛争処理事項となり、それについてパネル（紛争処理委員会）の裁定が下った場合、その裁定の実施を拘束的（強制的）なものにする[1]。拘束的なものとは、裁定内容が実施されない場合には、罰金だけでなく、貿易制裁（報復）を課し得るということである。
　この紛争処理裁定の強制執行を含むアメリカの環境提案は、シエラクラブ、WWF（世界野生動植物連合）等のアメリカの環境団体の意向のもとに策定された。
　各国は、この拘束条項が問題とした。

2　カナダの提案
　それに対し、環境ワーキンググループ議長国のカナダが、次のような「相互協議による紛争処理のメカニズム案」を、議長の責任において作成し、着地点を探る試みとして提示した（2014 年 11 月）。
① 　問題の提起国：書面で協議を要請。他の国にも通報。関係のある第Ⅲ国も協議に入りうる。
② 　（1）で処理し得ない場合には、代表委員による協議〈上級協議〉を行う。
③ 　（2）でも処理し得ない場合には、当事国の閣僚による協議を行う。

④ （3）においても処理し得ない場合には、仲裁機関に委ねる。
⑤ 仲裁機関
・仲裁者3人：当事国が各1名の仲裁者を選定。議長：紛争相手国が3人を挙げる。要請国がその中から1人を選ぶ。
・解決に向けての案の提起。
・最終報告：相手国が義務を果たしていないと認められれば、当事国は、90日以内に、相互に満足する行動計画について合意するように努力する[2]。

以上のように、これは、「相互協議による解決」のためのメカニズムであり、裁定の強制は一切含んでいなかった。

3　紛争処理メカニズム：アメリカ案にカナダ案を加えて合意

環境についての紛争処理メカニズムは、前段の協議をカナダ提案の①-③とし、「その協議による解決が失敗した場合に、問題の提起国は、28章『パネルの設置』の下でパネルの設置を要求しうる」[3] として合意した。「28章パネルの設置」は、パネルの裁定の実施を拘束的なものとしている。後段のパネルの設置はアメリカの提案と同じ内容である。

こうして、前段の協議はカナダ案、後段のパネルの設置（その拘束的な実施）はアメリカ案という形で環境の紛争処理メカニズムは合意されたのである。

注
1) アメリカが、環境と労働について紛争が生じた場合、"その紛争処理裁定を拘束的なものにする"という規定をFTA協定に入れるとしたのは、2007年5月のブッシュ政権と議会民主党との合意に基づく「アメリカ・ペルーFTA協定の修正」からである。
2) Inside US Trade, 2014, 1/22.
3) TPP, Chapt.20, Environment, p.23.

第6節　労働：当初のアメリカ案からソフト化

1　アメリカの提案
アメリカは労働について次のような提案を行った。
① 各国は、ILO 1998 年宣言における「基本原則と労働権についての 5 つの国際労働原則」－①結社（団結・組織化）の自由、②雇用と職業における差別の廃止、③団体交渉の承認、④強制労働の廃止、⑤児童労働の廃止－を実行する。
② その実行は強制性を伴う。紛争処理・裁定を実施しない場合には、相手国は、罰金だけでなく、貿易制裁（報復）を課し得る。
③ 各国が最低賃金、労働時間、健康と安全についての国内法を備えることを課す。
④ 労働法を輸出特区にも適用する。

これについて、ベトナム、ブルネイなどは、制裁が厳しすぎるとして強制条項に反対。カナダは、1,500 万ドルを上限にする罰金にペナルティを変更する提案を行った。

2　先進国による譲歩案
こうしたなかで、日米等の先進諸国が、制裁の前に、まず「違反国と協議する仕組み」を導入する譲歩案を提起。協議後も悪質な違反が続く場合に、問題提起国は、パネル（紛争処理委員会）に提訴し、パネルの裁定の実施において制裁措置を取りうる、とした。この譲歩案を基に調整が進んだ[1]。

3　紛争処理メカニズム：環境と同じ方式で合意
問題が発生した場合、まず、問題提起国と相手国との 2 国間で協議を行う。協議による解決ができなった場合に、問題提起国は、パネルの設定を

要求する[2]。パネルの裁定の実施には拘束性を持たせる－これが労働の紛争処理メカニズムであり、環境の場合と基本的に同じである。

注
1) 日本経済新聞，2014 年 7 月 13 日。
2) TPP, Chapter19 Labor, p.28.

第7節　原産地ルール：アメリカ、ベトナムの要求を考慮

「原産地ルール (Country of Origin Rules)」とは、「ある製品の原料のうち、どれくらいが当該国の生産物である必要があるのか」という割合を規制するもの。したがって、これは関税削減・撤廃の問題と結びついている。

1　当初のアメリカの提案

アメリカは繊維製品の多くを中国やベトナムなどの東南アジア諸国から輸入しており、繊維品の最大の輸入国である。この繊維品の原産地ルールについて、アメリカは、2011年7月のハノイにおける交渉において、「原糸以降の全段階についての100％原産地ルール」(yarn forward rule) を提起した。

これは、「繊維・衣料品における原糸以降の全ての段階について協定締結国において生産されたものでなければ、その繊維・衣料品は、関税撤廃－削減の対象にならない」というルール提案である。ベトナムが中国産の糸を使って衣料品を生産し、それをアメリカに輸出しても、その繊維品は関税撤廃－削減の対象にならないということになる。

2　ベトナムの反応

これに対して、ベトナムと豪州が激しく反対した。ベトナムは、繊維品の有力な対米輸出国であり、アメリカの繊維・衣料品の関税撤廃こそがベトナムがTPPに参加するメリットだからである。

自国の輸出品については関税撤廃－削減を求めながら、自国の輸入品（繊維・衣料品）については、極端に厳しい原産地規制ルールによって、相手国（ベトナム）の繊維製品を関税撤廃－削減の対象から外すというアメリカのやり方＝提案は、ベトナムだけでなく豪州からも反対されていたのである。

3　アメリカの新提案

こうしたなかで、2013年に入り、アメリカは繊維・原産地ルールについてのショートサプライ（short supply）提案を行った。「ショートサプライ」は「裁断・縫製ルール（cut and sew rule）」ともいわれ、裁断・縫製の段階においては協定締結国の生産物であることを求めるが、原糸については協定締結国の生産物であることを義務とはしていない。すなわち、ショートサプライは、「原糸以降の全段階についての100％原産地ルール（yarn forward rule）」への例外品目のことである。アメリカの提起したショートサプライ品目は168品目と言われる[1]。

ベトナムはアメリカのショート・サプライ提案を歓迎した。これを基に、交渉が進み、アメリカとベトナムの間の繊維製品についての原産地ルールは合意に達したのである。

注

1) Inside US Trade 2015, 5/24.

第Ⅵ章　ＴＰＰによる経済（GDP）の押し上げ効果

1　世界銀行、ピーターソン研究所、日本政府の予測
（1）ピーターソン国際経済研究所

　ピーターソン国際経済研究所は、アメリカの国際経済についての有力な研究所であり、貿易自由化を推進する立場から、FTAの推進役をも担ってきた。

　ピーターソン研究所のTPPについての経済評価（2016年1月16日）は、2030年において、アメリカの実質所得が0.5％、日本が2.5％増え、途上国のベトナムは8.1％、マレーシアは7.6％増大する（表Ⅵ-1）、というものであった。

（2）世界銀行の予測

　世界銀行は、2015年に発表されたピーターソン研究所の予測内容をも用い、アメリカの2030年の実質GDPは0.4％、日本のGDPは2.7％増える。ベトナムは10％、マレーシアは8％増えるとした（表Ⅵ-1）。

　世界銀行は実質GDP、ピーターソン研究所は実質所得を用いている。「所得＝GDP＋対外直接投資からのゲイン」である。所得とGDPの間に、それほど大きな差はない。

（3）日本政府の予測

　日本政府は、TPP協定が発効後、10－20年後に日本のGDPは、2.59％

表Ⅵ-1 TPPマクロ経済予測

国	タフツ大学グローバル開発環境研究所 2015→2025			世界銀行 2030年	ピーターソン 2030年	日本政府 10-20年後
	GDP (%)	雇用 (万人)	労働分配率	GDP (%)	実質所得 (%)	GDP (%)
アメリカ	-0.54	-44.8	-1.31	0.4	0.5	
カナダ	0.28	-5.8	-0.86	1.2	1.3	
日本	-0.12	-7.4	-2.32	2.7	2.5	2.59
豪州	0.87	-3.9	-0.72	0.7	0.6	
NZ	0.77	-0.6	-1.45	3.1	2.2	
東南アジア	2.18	-5.5	-0.99			
チリ、ペルー	2.84	-1.4	-0.70	1.0, 2.1	0.9, 2.6	
メキシコ	0.98	-7.8	-1.14	4.7	1.0	
TPP 計		-77.1		1.1		
マレーシア				8.0	7.6	
ベトナム				10.0	8.1	
シンガポール				3.0	3.9	
ブルネイ				5.0	5.9	

注:1) 世界銀行、ピーターソン研究所、日本政府:完全雇用を前提。あるセクターが縮小→労働者を解雇しても、それは、他のセクターに吸収されると仮定。吸収されないとは仮定しない。輸入競争が激化し、価格を引き下げ、マーケットシエアの維持のために、コストを引き下げる→レイオフ労働者が、どの程度、他のセクターに再雇用されるか。新しい雇用が作り出されるか、については明らかにしていない。

増える、とした (2015年12月15日)。

2 いずれも完全雇用を前提

　世界銀行とピーターソン研究所の予測内容は、近似している。世界銀行が、ピーターソン研究所の予測内容を一部用いていることによるが、それ以上に、両者が、予測の前提に完全雇用を置いていることによる。
　また、日本についての予測も、世界銀行、ピーターソン研究所、日本政府ともに、2.5％－2.7％の間で近い。これも、3者が、完全雇用を前提にしていることによる。

3 完全雇用の前提は、現実に反する

　完全雇用を前提にするとは、「あるセクターが縮小→労働者を解雇しても、その解雇労働者は、他のセクターに吸収される」と仮定することである。

言い換えれば、吸収されない事態は仮定しないのである。

輸入競争が激化し、価格が引き下げられ、それに対応して、企業が、マーケットシェアの維持のために、コストを引き下げる→その結果、解雇労働者が発生する。その解雇労働者が、どの程度、他のセクターに再雇用されるか。そのために、どの程度、新しい雇用が作り出されるか、については明らかにしないのである。

このように、完全雇用を前提にして、貿易協定の経済効果を測定することは、貿易の結果もたらされる最も大きな問題（雇用の喪失）を無視することになるといわなければならない。

4　タフツ大学グローバル開発環境研究所の予測
（1）タフツ大学の方法

これらに対し、タフツ大学グローバル開発環境研究所の予測は、完全雇用を前提にしていない。貿易協定の結果、あるセクターで輸入が増大した結果、どの程度、生産が縮小し雇用が減少するのか。他方、輸出が増大した結果、どの程度、生産が増大し雇用が増えるのかを推定し、全体として、GDP、雇用がどのように変化するのかを推定するわけである。

完全雇用を前提にする方法に比べ、タフツ大学の推定方法は、貿易協定の影響を測定するうえで、より現実的な方法であるといえよう。

（2）タフツ大学の予測結果

タフツ大学の予測では、10年後2025年のアメリカの実質GDPは0.54％減、日本も0.12％減、対して東南アジア諸国（ベトナム、マレーシア、シンガポール、ブルネイ）は2.18％増。10年後の雇用は、アメリカが44.8万人減、日本7.4万人減、東南アジアも5.5万人減、TPP諸国全体で77.1万人減と予測されている（前掲表Ⅵ−1）。

アメリカ・日本は、賃金の低い東南アジア諸国からの繊維品などの労働集約的製品の輸入増で国内生産が縮小し、GDPがマイナスになるとともに、

雇用も縮小する。現実的な推計結果である。

　他方、東南アジア諸国は先進国（米・日）への輸出増により GDP は増えるが、先進国からの輸入増により雇用が減少する分野があり、雇用のトータルはわずかながらマイナスとなる。

　また、すべての TPP 諸国の雇用がマイナスとなる。雇用面で見れば、12 カ国すべてについて、TPP に参加するメリットは存在しないのである。

第Ⅶ章　平成27年度『農業白書』を論評する

1　政府のTPP対策は「万全」といえるか

　平成27年度の『農業白書』は、「TPP交渉の合意と関連政策」を特集とし、TPPを冒頭に取り上げている。
　「はじめに」において、「TPPは、……国民から懸念・不安の声が寄せられていたこともあり、農林水産物が引き続き再生産可能となるよう、……万全の施策を講ずる必要がある」[1]とされている。
　では、昨年（2015年）11月に提起されたTPP関連政策大綱における畜産（肉用牛と養豚）についての対策は、「万全」のものとなっているのだろうか。

（1）現行の肉用肥育牛と養豚の経営安定対策

　肉用肥育牛経営安定対策事業（新マルキン）、養豚経営安定対策事業ともに、生産者も資金を拠出すること（牛肉は生産者1：国3、豚肉は生産者1：国1）を前提に、平均生産費を保障の基準とし、平均販売額（粗収益）が平均生産費を下回った場合に、その差の8割が補填されることになっている。

（2）政府の対策とその問題点

　政府・TPP対策大綱において、
　①　「粗収益と生産コストの差についての補填を8割から9割にする」、
　②　その基金への拠出金について、養豚の「生産者1：国1」を、肉用

牛と同じ「生産者1:国3」とする、とした。

　生産者が基金の4分の1の拠出金を払うことを前提にすれば、実質的な補填水準は、差の約3分の2＝67.5％（0.9×0.75）にとどまる（囲みⅦ－1）。TPPによる関税引き下げ→その結果としての価格下落について、実質的な補填は67.5％にとどまるのであって、下落分の32.5％は補填されない。これをもって、「万全の施策」とするわけにはいかない。

　TPPの結果としての関税引き下げ－価格の下落については、すべて政府が補填して初めて「引き続き再生産が可能となる」。

　粗収益と生産費の差のすべて（10割）を補填し、その資金はすべて国が拠出すべきである。

　アメリカにおいてもEUにおいても、価格下落を補償する資金は、すべて国が負担している。国が負担しなければ、生産者が負担する部分だけ、生産者への補償が不十分となるからである。

囲みⅦ－1　TPP政府関連政策大綱：肉用肥育牛と養豚・経営安定対策の実質補填率

補　填　率	：粗収益（販売額）と生産費の差の9割を補填する
生産者の拠出金	：養豚・肥育牛ともに、生産者1：国3とする。生産者：1/4を拠出。
実質補填率	：0.9×0.75＝0.675＝67.5％。

2　ＴＰＰ経済効果分析のモデルの特徴を明示すべき

　政府は、TPPの経済効果について、「一般均衡経済モデルのGTAPの最新版を使用し」、「TPPが発効し、新たな成長経路（均衡状態）に達した時点において、実質GDPが2.6％増加」[2]するとしている。

　だが、肝心の分析方法であるGTAPモデルについては、「多地域型の一般均衡経済モデル」[3]との説明しかない。そのモデルの特徴については語っていない。

　「一般均衡経済モデル」というのは、完全雇用を前提にする。すなわち、

貿易協定により輸入が増加し、その結果、あるセクターが縮小→労働者を解雇しても、それは、他のセクターに吸収されると仮定し、完全雇用状態は続くとするわけである。

　解雇労働者が、どの程度、他のセクターに再雇用されるのか。新しい雇用が作り出されるか、否かについては明らかにしない。

　貿易（輸入）の増大の結果、国内セクターがどのような影響を受けるか－これこそが、貿易協定分析の中心問題の１つである。しかし、一般均衡モデルは、それを明らかにすることにはなっていない。白書は、こうしたモデルの特徴を提示する必要がある。

3　収入保険：主たる対象は個別作物

　今年度の白書も、「農業共済制度は、対象品目が収量を確認できるものに限定されており、農業経営全体をカバーしていない等の課題がある」「すべての農作物を対象とし、農業経営全体の収入に着目した収入保険の導入について、調査・検討を進めていく」[4]とする。

　今日の農業共済制度は「収量減少を対象にし、価格低下等は対象外にしている」が、だからといって、個別作物を飛び越えて、「すべての作物を対象とする農業経営全体に着目した収入保険の導入」を主対象とする収入保険を検討する、ということにはならない。それは飛躍というものである。

　今の日本に作物収入保険はない。したがって、それの導入を調査・検討することは必要である。だが、収入保険の基礎および中心は、あくまでも個別作物ごとの収入保険－コメの収入保険、小麦の収入保険、大豆の収入保険－である。収入保険について20年の経験を持つアメリカの場合でも、その大部分は個別作物ごとの収入保険であり、農場単位の収入保険は、ごくわずかにすぎない。生産者の第一の関心は、個別作物ごとの収支だからである。

　我が国においても、調査・検討すべきは、個別作物ごとの収入保険である。そのうえで、農家単位の収入保険は、必要があれば、それを補足するものとして位置付けられるべきものであろう。

4 酪農経営問題

　この1年（平成27年度）における農産物と消費者の間での最も大きな問題は、「バターの供給不足→小売店におけるバターの品薄の発生」であった。

　この根底には、長期的な生乳生産量の減少（2005年度829万トンから2015年度733万トンへと10年間で96万トン、12％減）と酪農農家数の減少、酪農生産基盤の弱体化がある。

　この酪農生産基盤の弱体化の背景について、白書は、一歩突っ込んだ説明をする。

　「家畜の飼養・衛生管理は、毎日の飼料給与・ふん尿の処理や急病対策が必要であるなど、生き物を対象とするため休みが取れず、飼料の生産・調整等、多岐にわたる作業で、重い労働負担があります。また、新規就農に際しては、飼料生産のための農地の取得や飼料管理施設の整備、家畜導入等に多額の投資負担が生じ、さらには、飼養・経営管理に係る技術・知識の習得と向上が必要です。このようなことから、後継者や新規就農の確保が困難となり、高齢化に伴う経営離脱とともに、飼養戸数の減少と総飼養頭数の減少を招いています。このため、労働負担の軽減と担い手の育成を図っていくことが重要です」[5]と。

　説明は具体的で、酪農経営が抱える問題を的確に提示している。そこから、労働負担の軽減のために「外部支援組織の活用による分業化、搾乳ロボットや哺乳ロボット等の省力化機械の導入の推進」が必要とされる。

　それらは、必要なことである。しかし、それで、酪農に特有な「重い労働負担」の問題に対処したことになるのだろうか。外部支援組織の活用や省力化機械の導入は、重い労働負担を一定程度軽減することに役立つとしても、それによって、重い労働負担を解消することにはなりえない。国の政策において、酪農の重い労働負担を考慮する措置が必要である。その根本的な視点なしには、「酪農生産基盤の弱体化」に対応することはできないと考えられる。

　「酪農の重い労働負担を考慮する措置」として、何が必要か－すべての

関係者が考え、答えを出すべき問題である。

　現在の加工乳所得補償制度（加工原料乳生産者補給金制度）における家族労賃の評価方法を見直し、「酪農経営の重い労働」を考慮する視点を取り入れた方法にする必要があろう。

注

1) 「平成27年度　食料・農業・農村の動向」（以下、「27年度農業白書」とする）1頁。
2) 「同上書」17頁。
3) 「同上書」、17頁、注1。
4) 「同上書」、114頁。
5) 「同上書」、147頁。

第Ⅷ章　日本農業・農政の方向と課題

第1節　飼料用米生産の拡大路線－意義、はらむ問題、課題－

　2009年にわずか4,000トンであった飼料用米の生産面積は、2015年に8万ha－主食用米140.1万haの6.6％－、生産量は42万トンに達した。この拡大は、飼料用米に数量払いを導入した飼料用米の拡大政策の結果である。その数量払いは、2011年の政府・自民党の「コメ政策の見直し」に始まる。

1　飼料用米生産の拡大
（1）飼料用米への数量払いの導入
　2011年11月の政府・自民党による「経営所得安定対策とコメ政策の見直し」は、2014年から飼料用米とコメ粉用米に数量払いを導入するとし、標準単収（530kg/10アール）の場合には8万円で現行と同じであるが、上限値（680kg）の場合には10万5,000円、下限値（380kg）の場合5万500円（表Ⅷ－1）とした。
　その結果、飼料用米の単収が上限値680kgに近い場合はもちろん、600kg前後の場合でも、主食用米を上回る所得を得ることが保障された（表Ⅷ－2）。飼料用米の数量払いは、主食用米と同等、ないし、場合によっては主食用米を上回る所得を飼料用米に保障する政策として導入されたのである。

表Ⅷ-1　コメ政策：自民党・農林水産省「経営所得安定対策とコメ政策の見直し」

(2013 年 11 月 25 日)

1　定額支払い
　　1万5,000円/10アールを2014年度に7,500円に減額し、2018年度に廃止する。

2　変動支払い：2014年度から廃止。
　　＊変動支払い：農家の販売価格が60kg1万3,700円を下回った場合、1万3,700円と「販売価格＋低額支払い」との差を補償する。

3　価格の下落には、収入減少影響緩和対策（ならし）で対応する。
（1）その基準："過去5年間のうち最高と最低を除く3年間"の都道府県平均収入。
（2）補　　償：基準額と各経営体の作物収入の差額を合算し、減収額の9割を補填する。
（3）資　　金　政府3：生産者1で拠出。
（4）対　象　者：認定農業者、集落営農、認定就農者.

4　水田活用
（1）2014年から飼料用米とコメ粉用米に数量払いを導入。
（2）助成額　・標準単収（530kg）の場合：　8万円。現行と同じ。
　　　　　　・上限値　（680kg）の場合：10万5,000円。
　　　　　　・下限値　（530kg）の場合：　5万5,000円。

5　生産調整の「廃止」
（1）5年後（2019年）を目途に、生産者・団体が中心となった需要に見合ったコメ生産（生産者主体の需給調整への移行＝生産調整の廃止）が行えるように、水田活用の充実などを進める。
（2）新たな仕組みの定着状況を見て（廃止を）判断する。

表Ⅷ-2　飼料用米の10a当たりの所得試算と主食用米との比較（JA全中）

(単位：円)

品目	収量	品代	交付金[2]	収入計	生産費[3]	所得
主食用米	530kg	7万700 -8万8,300	7,500	7万8,200 -9万5,800	7万1,000	7,200- 2万4,800
飼料用米	530kg	-[1]	8万	8万+α	7万1,000	9,000+α
飼料用米	605 kg	-[1]	9万2,500	9万2,500+α	7万1,000	2万1,500+α
飼料用米	680kg	-[1]	10万5,000	10万5,000+α	7万1,000	3万4,000+α

資料：日本農業新聞2015年1月5日。
注：1）品代は流通経費に相殺されるなどで大きな額は望めないのが実情のため、収入は交付金のみとなる。
　　2）主食用：コメの直接支払い交付金。飼料用米：水田活用の直接支払い交付金（戦略作物助成）。
　　3）農水省の2013年産コメ生産費の作付規模5-10haの平均を基に、そこから家族労働費、自己資本利子、自作地地代を除いて試算。以上、JA全中による。

（2）飼料用米生産拡大の目標と意義

こうした飼料用米の生産は、日本が大量に輸入するトウモロコシなどの飼料穀物に少しでも代わり、それによって食料自給率を向上させていく、また、それによって水田を有効利用していく政策として位置付けられている。

正当な位置付けであり、そこに、助成額を上積みしても飼料用米生産を拡大していこうとする根拠がある。

（3）飼料用米生産の拡大

飼料用米の作付面積は、2011－14年の間、3万ha前後を推移していた（表Ⅷ－3）。これが、2015年に8万haに拡大した。これは、2014年から導入された数量払いにより、飼料用米を作付する面積が増大した結果である。

表Ⅷ－3　主食用米と飼料用米の作付面積（2009→2015）

（単位：万ha）

年	主食用米	飼料用米
2009	159.2	0.4
2010	158.0	1.5
2011	152.6　(100)	3.4　(2.2)
2012	152.4	3.5
2013	152.2	2.2
2014	147.4	3.4
2015	140.6　(100)	8.0　(5.7)

資料：農水省、「コメをめぐる関係資料」2015年7月。

（4）同時に、主食用米の需給調整を行う

2015年に飼料用米生産面積が8万haに拡大し、前年3.4万haから4.6万ha増大したことにより、主食用米の作付面積は、2014年147.4万ha→2015年140.6万haへと6.8万haの減少となった（表Ⅷ－4）。これによって、過剰であった主食用米の需給調整が進んだ。2014年産米価（出荷団体と卸の間の取引価格）は平均1万1,967円であったが、2015年産（2015年11月－

表Ⅷ-4　水田作付面積：主食用米・飼料用米など

〔単位：万ha、（ ）内は％〕

	主食用米	飼料用米	加工用米	麦	大豆	その他[1]	計
2014	147.4	3.4	4.9	9.8	8.0	14.6	188.1
	(78.3)	(1.8)	(2.6)	(5.2)	(4.3)	(7.8)	(100)
2015	140.6	8.0	4.7	9.9	8.7	10.9	182.8
	(76.9)	(4.3)	(2.6)	(5.4)	(4.8)	(6.0)	(100)
差	-6.8	+4.6	-0.2	+0.1	+0.7	-3.7	-5.3

資料：農林水産省、2015年10月2日。
注：1）加工用米、WCS以外の新規需要米（輸出向けなど）、備蓄米、飼料作物、そば、菜種。

2016年5月平均）は1万3,176円となり、14年産を1,209円（10％）上回っている[1]。

　主食用米の需給調整をも行う－これも、飼料用米の役割となっている。

2　はらむ問題

　飼料用米は、飼料として用いられるがゆえに、その販売価格は、飼料＝トウモロコシと同じになる。トウモロコシは、そのほとんどすべてが無税で輸入され、その価格は極めて低い。さらに、飼料用米には、飼料として用いられるための流通経費がかかる。飼料用米の販売額は、その流通経費によって、相殺され、その収入は、交付金のみとなる（前掲表Ⅷ-2）。すなわち、品代はゼロである。

　「飼料用米の助成がいつまで続くのか」という生産者の不安が生まれるのは当然のことといえよう。

　だが、我が国において、「排水が良好でない水田」と「土地基盤整備が未整備の水田」の合計が水田全体の56％を占めるなかで、水田の有効利用を進めようとすれば、それらの土地には、コメ＝飼料用米を作る以外にない。水田を生産基盤として維持していくには、数量払いの助成を用いて、飼料用米生産を進める以外にないのである。

　だが、このことは、水田のあり方を、そのままにしておいていい、あるいは、上限10万5,000円の数量払いを長期固定的に考えておいていい、と

いうことにはならない。

飼料用米をめぐって、次の3つの課題が問われる。

3　課題

① 土地基盤整備に今まで以上の財政資金と努力を投じ、全水田汎用化に向けて、基盤整備の規模とスピードを高める必要がある。これについて、詳しくは次節Ⅱでふれる。

② 飼料用米の生産コストを削減する。生産コスト低減のポイントは、単収の向上である。現在（2015年）の飼料用米の単収は 5.26 トン/ha であり、主食用米とほとんど変わらない。政府は、これを 10 年後に 7.59 トンに 40％引き上げることを中心に、生産コストを 1/2 にする努力目標を設定している（表Ⅷ-5）。この実現に向けて、全力が傾けられるべきである。そして、飼料用米の生産コストの削減が実現された時点（2割削減、4割削減）で、それに対応して飼料用米への助成額を見直す（引き下げる）必要がある。

③ 主食用米への経営所得安定対策をきちっとし、飼料料用米への所得安定対策上の負担を減らす必要がある。

そのために、主食用の経営所得安定対策を不足払い型に改編する。現在の主食用米の経営所得安定対策＝収入減少影響緩和対策の基準は、都道府県の「5 中 3（過去 5 年のうちの最高と最低を除く 3 年間）の平均収入」である。だが、これでは、価格が下がると基準価格（収入）も下

表Ⅷ-5　飼料用米：2015 年の状況と 2025 年の努力目標

項目	2015 年	2025 年
生産量　（万トン）	42.1（1）	110（2.6）
単収　　（トン/ha）	5.26（1）	7.59（1.4）
面積　　（万 ha）	8（1）	14.5（1.8）
生産コスト（比較）	1	1/2

資料：食料・農業・農村計画、2015 年 3 月。

がり、保障の基準としての役割をきちっと果たし得ない。基準は、生産費の一定水準に固定する必要がある。

第2節　水田・汎用化：推進の課題

1　水田における主食用米以外の作物生産の必要性

　人口の伸びの停滞と1人当たりの主食用米の消費減により、主食用米の需要は減少を続けてきた。この間、田における主食用米の作付面積が減り、代わりに大豆・麦・野菜などのコメ以外の作物、あるいは主食用以外のコメ（飼料用米、加工用米など）の作付面積が増えてきたのは、その結果である。

　2013年の水田利用状況（夏期）を見ると、生産に用いられた水田206.3万haのうち、主食用米は155.4万ha（全体の75.3％）、主食用以外のコメ9.2万ha（4.5％）、コメ以外の作物41.7万ha（20.2％）となっている（表Ⅷ-6）。すでに、利用水田の4分の1が主食用米以外のコメと作物に用いられているのである。

　今後は、人口が減少に向かうとともに、コメの1人当たり消費量の減少もなお続くと予測されることから、主食用米の需要減少傾向は引き続くと見られている。水田において、主食用米以外の作物を生産する必要性がさらに高まり続けていくのである。

表Ⅷ-6　水田の利用状況（2013）

（単位：万ha）

	生産に用いられた水田面積	主食用米向け	主食用米以外のコメ	コメ以外の作物
万ha	206.3	155.4	9.2	41.7
％	100	75.3	4.5	20.6

資料：農林水産省、『平成27年度食料・農業・農村の動向』p.117。

2　土地基盤の整備状況

　水田に大豆・麦を植えられるのは、畑作物の大豆・麦の特性から、水田が湿田以外の場合に、あるいは、基盤整備によって水田が汎用田化されて

いる場合に、限られる。

　現在、30アール以上の区画に整備された水田157万haの3分の2（108万ha）が「排水良好」の汎用田となっているが、なお、その31％＝49万haは排水良好ではない。これと区画未整備の90万haを合わせると138万ha、水田面積の56％に達する（表Ⅷ-7）。排水良好な面積は全体の44％にとどまっているのである。

表Ⅷ-7　水田の区画整備状況

区画整備状況	面積（万ha）	割合（％）
区画整備済み	157	64
うち、排水良好	(108)	(44)
排水良好ならず	(49)	(20)
未整備	89	36
合計（水田面積）	246	100

資料：農林水産省、表Ⅷ-1と同じ。

3　飼料用米生産・拡大のはらむ問題

　こうした基盤整備面積の限界もあって、水田における主食用米以外の生産は、飼料用米に焦点が置かれ、また、それへの補助も拡大してきた（10アール8万円プラス数量払い上限で10.5万円へ）。

　だが、飼料用米の価格は、飼料＝トウモロコシの価格と同じであるため、流通コストを差し引くと品代がゼロになる（販売価格はすべて補助金が補う）という問題を孕んでいる。この状態は、当面はやむを得ないとしても、長期にわたって続きうるものではない。農水省は、10年後の飼料用米の生産コストを2分の1にするという目標を提起してきたが、飼料用米の生産に本格的に乗り出してから、すでに5年がたっているのである。

4　トウモロコシ生産の準備、水田汎用化の強力な推進

　アメリカのトウモロコシの単収10.5トン/haは、日本のコメ5.3トンの2倍であり、その生産費60kg 1,150円（1ドル＝120円で換算）は日本のコメ

1万5,229円の13分の1である（表Ⅷ-8）。日米間には大きな規模格差が存在するから、その点を考慮して、仮に、日本においてトウモロコシを生産した場合の生産コストがアメリカの5倍（60kg 5,750円）になったとしても、それは、現行のコメ生産費1万5,229円の38％にとどまる。考慮に値する数値である。

こうした数値を目標とし、トウモロコシ生産の本格的準備を検討すべきである。

そのためにも、全水田の汎用化を強力に推し進める必要がある。コメと大豆・小麦、あるいはトウモロコシとの輪作で有機的生産を行うことによって、大規模水田経営の持続的な成長が初めて確実になるであろう。

表Ⅷ-8　生産費の比較：日本のコメとアメリカのトウモロコシ

	収量（トン/ha）	生産費（円/60 kg）	比較
日本のコメ（2013年）	5.3	15,229	13.2
アメリカのトウモロコシ（2014年）	10.8	1,150[1]	1

資料：日本：「平成25年産　米および麦類の生産費」、アメリカ：Corn, Costs of Production, 2014, 2015.
注：1）1ドル＝120円。

注

1）農林水産省『コメに関するマンスリーレポート』2016年7月。

あとがき

　アメリカにおいて、11月8日、大統領選挙が行われ、次期大統領が決まる。同じ日に、下院議員全員と上院議員3分の1の改選も行われる。
　イリノイ州選出の下院議員・共和党R. ハルトグレインは、昨年TPPを支持したが、現在は、TPP反対に回っている。ルイジアナ州の上院議員候補者は、民主党候補者、共和党候補者を含め、その全員がTPPに反対しているという。これまでは、貿易協定に対し、「共和党議員は支持、民主党議員は反対」の傾向が強かった。それが、今や、共和党議員・候補者の多くが、TPP反対の立場に立っている。その頂点に立つのが、共和党の大統領候補トランプといっていい。
　こうした事態の背景には、アメリカにおける貧困人口の増大がある。貧困人口は、2007年3,730万人から2010年以降4,600万人（全人口の15％）に増大しているのである。アメリカの賃金水準は低下し、労働者大衆と富裕層との間の経済格差は拡大している。
　アメリカの国民大衆は、「その原因は雇用の海外流出をもたらす貿易協定にある」とみなし、そこから、TPPに反対しているわけである。こうした事態から、民主党の大統領候補クリントンもTPP反対に転じている。
　拡大TPPは、2010年3月に、アメリカ・オバマ政権の主導のもとで交渉が始まり、2015年10月に妥結した。そのアメリカにおいて、TPP協定が批准し得ないかもしれない可能性が発生しているのである。
　オバマ政権は批准に向け全力を挙げている。批准に行くのか、どうか。2016年11月にその決着が問われる。

2016年11月1日

　　　　　　　　　　　　　　　　　　　　　　　　　　　服部　信司

執筆者紹介

服部　信司（はっとり　しんじ）
東洋大学名誉教授　国際農政研究所代表

1938年	静岡県生まれ
1962年	東京大学経済学部卒。一時商社に勤務。
1983年	東京大学大学院・経済学研究科博士課程修了。経済学博士。
1986年	岐阜経済大学講師。 同大学助教授、教授を経て、
1993年	東洋大学経済学部教授。
2004年-2008年	東洋大学経済学部長
2009年4月	（財）日本農業研究所客員研究員
2009年6月	東洋大学名誉教授。
2015年4月	国際農政研究所を設立。

主な著書（単著）に
『アメリカ 2014 年農業法』（農林統計協会、2016 年）
『TPP 交渉と日米協議』（農林統計協会、2014 年）
『TPP 不参加・戸別所得補償の継続』（農林統計協会、2012 年）
『TPP 問題と日本農業』（農林統計協会、2011 年）
『アメリカ農業・政策史 1776-2010』（農林統計協会、2010 年）
『米政策の転換―米政策を総括し、民主党「戸別所得補償制度」を考察する―』（農林統計協会、2010 年）　など多数。

ＴＰＰ協定の全体像と日本農業・米国批准問題

2016 年 11 月 4 日　印刷
2016 年 11 月 18 日　発行ⓒ　　定価は表紙カバーに表示してあります。

著　者　服部　信司（はっとり　しんじ）
発行者　磯部　義治
発　行　一般財団法人　農林統計協会
　　　　〒153-0064　東京都目黒区下目黒 3-9-13　目黒・炭やビル
　　　　　　　http://www.aafs.or.jp
　　　　　　　電話　普及部　03-3492-2987
　　　　　　　　　　編集部　03-3492-2950
　　　　　　　振替　00190-5-70255

The Total Image of TPP and Japanese Agriculture, the Ratification Problem in the US Congress.

PRINTED IN JAPAN 2016

落丁・乱丁本はお取り替え致します。　　　印刷　前田印刷株式会社
ISBN978-4-541-04120-3　C3033